本著作系北京电影学院科研成果

播音主持批评学

王秋硕 …… 著

中国传媒大学出版社
CUCP
· 北京 ·

序 一

秋硕又一本新书即将出版,首先向秋硕表示祝贺!

读完书稿,最真实的感受就是:不容易!本书以中外文学、文化、艺术、媒介等多个学科、多个领域的批评理论和实践作为背景,又梳理了播音主持理论的历史发展脉络并将其作为参考,所需文献的深广度与资料整理的困难度可想而知,不容易!在此基础上,初步建立了播音主持批评学的基本框架,从无到有,不容易!本书充分体现了秋硕的学术能力与学术勇气!

播音主持批评,既是播音主持基础理论和播音主持创作实践的"上位"理论,也是介于理论与实践之间的"中介"理论,具有"桥梁"的作用和应用理论的性质。批评理论既"接地气",也"高大上";既使得基础理论的应用更加脚踏实地、使得播音主持艺术创作方向更加明确,也具有补漏订讹的作用。这对于戏剧与影视相关细分学科、领域的理论研究无疑具有重要的借鉴意义。

同时,本书还体现了较强的创新意识。如针对传播领域出现的创作失范、批评失语等现象,提出了播音主持批评的不同层级;如在"古为今用"、灵活创新的基础上,提出了播音主持批评"真、观、群、新"的标准,立意新颖、见解独到,这对于我个人的理论研究和艺术创作也都具有一定的启发价值。

本书架构了播音主持批评学的基本系统,但研究方才起步,可以说书中每一章每一节甚至每一点都还有继续深挖、拓宽的理论空间和研究价值,由此令我想到本书作为硕博研究生培养基础文献的可能性和必要性,也为我院未来高层次理论人才培养提供了全新的视角和可能的方向。

新校区、新专业，带来了新机遇、也面临着新挑战。过去几年，秋硕在专业人才培养、理论研究以及学科建设等各方面尽心竭力、付出良多；未来希望秋硕继续发挥自己的光和热，为学校、学院、专业的发展贡献自己的力量！

可为序？

程　樯

2022年2月于怀柔

序 二

秋硕新书即将付梓，发来书稿请我作序。读罢掩卷，心中甚慰。他将十多年来播音主持艺术的学习心得、教学经验、理论研究以及深切思考融于这部书稿之中，可圈可点之处甚多。

改革开放四十多年来，播音主持理论从无到有，已经形成了独具特色的基本理论体系，播音主持实践更是突飞猛进地发展，呈现丰富多彩的多元发展新格局。而与此不相适应的是，我们在播音主持理论研究上时常出现摇摆、犹豫，辨不清学科发展的方向，带来思想和行动上的混乱；在播音主持创作的实践上也不断出现各种各样的偏误，违反播音主持规律的现象比比皆是，给传播带来了极大的负面影响。而这一切可以说都源于播音主持批评的缺失。

播音学理论，如果以《中国播音学》的出版为建立的标志，仅仅只有二十多年的历史，是一个年轻的、边缘的、交叉的且还很不完善、有很多欠缺的学科。正如张颂教授所说："许多应该提出的问题、应该阐述的原则、应该论证的规律，都还没有纳入我们的研究范围和理论体系之中。"从这个背景上讲，这本《播音主持批评学》的选题与写作：第一，具有重要的理论意义，是在新的层面和范围对播音主持开展的理论研究；第二，具有积极的实践意义，对今后的播音主持创作实践沿着正确的轨迹前进具有指导价值；第三，具有关键的首创意义，在全新的视域内将播音主持理论研究引向深入，并初步建立了播音主持批评的基本理论框架和研究思路。本书对播音主持批评这一重要的理论问题，首次进行了全面、深入、系统的梳理、概括和总结，从文学、艺术学等纷繁复杂、令人眼花缭乱的批评理论中，发现、归纳和提炼播音主持批评的基本特点、功能和规律等，致力于构建播音主持批评学研究的基本理论框架，其用力之勤、用功之深、披沙拣金之累可见一斑，其成果之显著亦不言而喻。

播音主持批评是播音主持理论的重要组成部分，是推动理论和实践正确发展的重要力量。在播音主持多元化需求和创作成为常态的当下，对播音主持批评的需求更加迫切。从当前的批评实践来看，一方面是不敢批评、不会批评，另一方面则是不让批评和不能批评；从批评理论来看，则呈现出批评理论的缺失、批评标准的模糊、批评主体的孱弱等不利条件。这些均导致了播音主持批评的缺位和乏力，严重影响了播音主持理论和实践的健康发展。如果正常的、正确的播音主持批评在当代广播电视互联网新媒体的发展中长期缺乏主动性和进取精神，不能坚守播音主持理论和实践独特的规律和价值体系，必将会落后于播音主持实践的发展，也落后于时代的发展。本书恰逢其时地弥补了这一重要欠缺。

虽然本书对于播音主持批评的研究，还未能完全摆脱文学、艺术学等批评理论的束缚，还有待今后不断地深入；对于播音主持批评有别于其他学科批评独特的、本质的特点，还有待进一步思索、研究，然而瑕不掩瑜！向秋硕表示祝贺！

与秋硕相识源于十多年前他成为我的硕士研究生，之后他工作、读博、做博后可谓多地辗转，但始终不曾改变的是他对专业的赤诚热爱。几十篇论文、数部书稿、多个项目，都证明着他的才华、执着与勤奋。

希望秋硕在全新的工作岗位上继续精进，培养更多播音主持艺术人才，为播音主持艺术学教学与科研的全面向好发展多添光彩！

马玉坤

2022 新春于定福庄

自序

书稿完成许久,“致谢”却始终未能成文。

屡作腹稿、数次提笔,纵使胸中万言、思绪万千,却总觉辞难逮意、执笔难书。

怀德感恩、镂骨铭肌,只能略做记述、以抒胸臆。

庚寅盛夏,初识张颂先生。于楼下徘徊良久,方鼓足勇气登门。心中忐忑、惴惴不安:如此方家泰斗,该是何等威严。先生亲自开门迎我,虽腿脚略有不便,却是庞眉皓首、精神矍铄;态度更是蔼然可亲、春风和气。心中惶惶始得化解,若释重负。落座交谈,先生目光如炬、声如洪钟;听我呶呶,全神贯注而无一丝应付敷衍。聊工作,说教学,讲理论,谈业务,晡时已尽,意犹未尽;俯拾仰取,获益匪浅。起身告别,先生于门口目送,彼时善目慈眉、音容笑貌永留心中。

辛卯中秋,有幸得入先生门下,以期登高望远、更上层楼。先生期望殷殷、如同严父;教诲谆谆,毕生永志。自知愚钝不堪,所幸尚算勤勉;不敢以关门弟子自居,但求不负先生悬悬之望。先生重德惜才、以德为先,言传身教、身体力行;我等耳濡目染、不敢有违。我辞职读书,多有闲暇,每每以探望之名叨扰先生、祛衣请业;先生不弃鲁钝、春风化雨。每遇彷徨失意、心浮气躁之时,先生总能良言开导、宽言相慰;身体因工作繁累多有不适,先生时常嘘寒问暖、关怀备至。回想初见先生之后,某日给先生电话,尚未开口先生却问身体可好、工作可顺,一语未竟已是泪如雨下。

是年冬月,先生于偶然之中查出病变,为不累及他人,始终不曾为外人道。与病痛对抗,不曾耽误学生一节课程;与时间赛跑,于可能之时仍笔耕不辍。先生治疗期间频繁往返于医院,同门弟子轮流排班照应;先生对此始终心怀歉疚、谢不离口。先生乐观坚强，医院途中仍与我等探讨学术、针砭时弊；先生心系播音，仍对中国播音学事业牵肠挂肚、夙夜忧心。先生病重之时，浑身滚烫，急需冰块凉药降温。我于冬日遍寻商铺，幸遇好人，于家中冰库取来冰块，得以救急。先生此时已是病重垂危，仍艰难说出"谢谢秋硕"，此亦先生对我所说最后一句话。每念及此，心中戚然。

壬辰年冬，风呜雨咽、雾霭沉沉，先生与世长辞、百年归寿。回望先生一生，历尽艰辛、颇多坎坷；倾一己之力，为学科之创建、理论之奠基、人才之培养，殚精竭虑、鞠躬尽瘁。如此，方有今日中国播音学蔚蔚之佳境、煌煌之大观。前人栽树，后人乘凉自不能忘；先生高山景行，我辈葵藿倾阳；自当为其蔓蔓日茂、欣欣向荣倾尽全力、不负所托。

自十五年前师从马玉坤师，承蒙不弃、扶我于孑立。老师博学多才、博闻强识、思想深邃、视野雄阔，治学严谨、专业精深，为人平易、气度浩然。老师于我亦师亦友，更是良师益友；求学两年多得其指引，是我由"门外汉"变为"圈内人"的领路人；此后时日亦多有叨扰，常能为我答疑解惑、谋策解难。能受教于老师，于我实为幸事。

白屋寒门，凡偶近器，过往时日亦承蒙诸多师友错爱，受之有愧，铭感五内、永志难忘。锦上添花易、雪中送炭难；滴水之恩、涌泉相报。

求学谋生殊多艰辛，父母牵挂惟盼佳音。自癸未年秋离瓢城、奔京都，已近二十载。反躬自省、观照此身：年过"而立"，然家未成、业未立。为人子者，未得光耀门楣、不曾膝下尽孝；父亲已近古稀，母亲早过花甲，岁月流金，鬓发添银，亲情执着，可怜天下父母心。每念及此，深感无地自容、羞愧难当。惟祈双亲福寿绵延、幸福安康；当效慈乌反哺、黄雀衔环，扇枕温衾、菽水承欢；自当成学业、成事业，精益求精、尽善尽美，慰其无私支持与信任、报其夙夜操劳与付出。

玉走金飞，光阴流转。
往者不谏，来者可追。
月没参横，东曦既驾。
云程发轫，载欣载奔。

目 录

绪　论

播音主持处于广播、电视、互联网、新媒体等媒介传播前沿，是播音员主持人在话筒前/镜头前运用有声语言及无声非语言所进行的信息传播活动，是党、政府、人民的喉舌。但“播音主持批评”并非只局限于播音主持实践的批评，而是从主体、作品、现象、理论、思潮等层面对播音主持所涉及的整体系统进行阐释、分析、判断和评价。播音主持作为媒介体系内一门新兴的艺术活动，随着传媒事业的大发展呈现出蓬勃的文化景象，但播音主持的理论研究与其实践活动相比却略显苍白，而播音主持批评研究更是鲜有人问津。展开播音主持批评理论研究、建立播音主持批评学对学科体系的构建与完善、创作实践的匡正与规范、艺术接受的拓宽与升级都具有重要的现实意义。

第一节 播音主持批评学的可能性

建立播音主持批评学，具有多方面的现实可能性：播音主持学术研究发展、播音主持艺术实践创作、媒介发展日新月异等诸多方面，都需要播音主持批评的在场，都呼唤着播音主持批评学的出现。

一、学术研究发展的需要

自1963年北京广播学院设置中文播音专业至今，播音主持艺术学已经走过了半个多世纪的历程。作为一门新兴学科，它以哲学和美学、新闻学和传播学、语言学及应用语言学、文学艺术这四大学科群为自己的支撑，博采众长、兼容并包，专业建设、学科体系等日益成熟。

1940年12月30日，延安新华广播电台开始播音，宣告了中国人民广播的诞生。自人民广播建立以后，许多播音实践中形成的经验成为播音主持艺术学最初的理论土壤。比如"口播部"把书面的、晦涩的、不通俗的语言变得大家都能听得懂；比如"济南解放了"，中央没有批件，也没有文稿，就是播音员在话筒前凭着自己对祖国解放的渴望热情洋溢地欢呼出这样一句胜利的话语；比如条件很艰苦，外面有毛驴叫，播音员照样精神集中地播音。[①] 到了20世纪50年代，有了关于播音经验的三本书：黄皮书《苏联播音经验汇

① 张颂.播音主持艺术论[M].北京：中国传媒大学出版社，2009：256.

编》,根据中央人民广播电台几位播音员经验汇编的白皮书《播音业务》论文集,根据地方台(主要是省台)播音经验汇编的蓝皮书《全国播音经验汇集》。这一段时期的理论多为零星的、散碎的个人经验总结,却是凝结了老一辈播音员心血的宝贵财富,也为播音创作指出了方向。1963 年 9 月,北京广播学院中文播音专业正式招生,和之前举办多年的播音培训班不同,一个专业必须要有自己的学科理论体系。通过借鉴姊妹艺术、兄弟学科,播音的发声、气息、吐字、归音、性质、任务、目的、感情等简单的理论基础初步形成。1985 年,北京广播学院出版社出版了《播音基础》《播音发声学》,学科体系开始完善;1992 年出版的《中国播音学》,标志着一个新学科的诞生。进入 21 世纪,播音主持的理论研究可以说是空前繁荣,业界实践者、学界研究者都在辛勤耕耘,成果颇丰。

学科是发展的,实践是进步的,但是理论总有捉襟见肘、相形见绌的时候。“许多应该提出的问题、应该阐述的原则、应该论证的规律,都还没有纳入我们的研究范围和理论体系之中。”①播音主持批评就是播音主持艺术学理论研究中一个重要的却被忽视的课题。长久以来,虽然有不少经典的评价性文本,但缺少系统的批评学术研究,更遑论“批评学”的体系建设。批评长期落后于创作实践,尚未走向自觉。播音主持批评应是播音主持理论建设的重要组成部分,并且是不可或缺的有力一环。理论来源于实践,涵盖着实践中的一切现象;批评理论能高屋建瓴地指导实践、高瞻远瞩地预见趋势、高情远致地指明方向。播音主持学术研究呼唤播音主持批评学的建立和完善。

二、播音主持实践的需要

播音主持是一门实践性很强的专业,甚至从某种意义上来说就是一门实践性的专业。但是这种实践不是盲目的、无序的,而应有正确的理论作为

---

① 张颂.播音主持艺术论[M].北京:中国传媒大学出版社,2009:143.

基础和指导。“实践需要理论，理论归于实践，当实践发展到一定程度以后，对其进行理论高度的梳理与整合便成为实践活动可持续发展的前提性条件。”①

从20世纪50年代末60年代初以中央人民广播电台为代表的热火朝天的业务研究，到1993年开始的金话筒奖等业务评奖，播音主持实践不断发展进步。播音员主持人身处一线，有着丰富的实践经验。学科的发展，呼唤新鲜的理论成果。每一门学科的开创都是栉风沐雨、筚路蓝缕，来之不易。裹足不前、抱残守缺不是正确的选择，只有不断加强理论建设，才能保证播音主持实践更好更快地发展。

播音主持在当今时代环境、媒介环境下风生水起，却又好似进入山穷水尽的尴尬之境。“口语至上”甚嚣尘上；严肃节目娱乐化、娱乐节目低俗化；播音主持模式化、肤浅化、冷漠化、私欲化；等等。面对广播电视的发展现状，面对播音主持的实际境况，受众困惑，播音员主持人同样困惑。因此，从专业教育的角度来说，应当让播音主持批评成为高等院校播音与主持艺术专业的基础理论课程。因为对“播音主持”进行学理层面的批评，不仅可以使学生运用播音主持批评理论的观念和方法作出合理的价值判断，更能为他们将来的播音主持创作指明方向。播音主持实践呼唤播音主持批评学的出现。

三、社会传媒发展的需要

一方面，社会不断进步，传媒迅猛发展。从互联网到数字广播电视网再到移动互联网，从视频网站、电子书刊到数字电视、车载电视再到微博、微信，广播、电视、报刊等传统媒体面对着巨大的挑战。传统媒体对信息的发布需要前期的设计规划，就广播电视而言，有可能是按时间的顺序，有可能是按编排的意图，有可能是按收视收听的效果，有可能是按广告的收益；而

① 明言.音乐批评学[M].北京：中央音乐学院出版社，2003：18.

微博、微信等新媒体对信息的发布是随时的、简洁的(如微博 140 字的限制)、个性化的,同时几乎是无成本的。面对偶发性、碎片化、个人化的新媒体传播,广播电视应遵循自身的规律继续前行,代表广播电视媒体出头露面的播音员主持人更应从专业的角度坚持职业素养,从理论的高度把握前进的方向。

另一方面,新媒体消解了传统媒体中信息发出者和接收者之间的边界,使得传播状态由一点对多点变为多点对多点,每个人都掌握了传播的主动权。"自媒体"时代早已来临,在"关注"与"被关注"的关系下,人人都成为信息的传播者;同时,也造就了一大批业余评论家。这些评论(包括对广播电视节目、播音员主持人等)用或朴素或夸张的方式表达个人的爱憎之情。尽管这些评论是只言片语、不成体系的,但社会的需要也是催生播音主持批评学的重要动力。

同时,新媒体的出现完全依赖于科技的进步,科技的进步则得益于社会的发展。因此,理论研究的价值取向便显得尤为重要,中西文化的碰撞,域内外文化的差异,主流文化与非主流文化的对立,需要坚持正确的创作观、需要坚持坚实的立足点,也呼唤着播音主持批评的出现。新形势下,播音主持理论的研究只有站在新的历史高度才能打开新局面、迎接新气象。有理由相信播音主持批评研究最终会"万里曲折变通途""直挂云帆济沧海"。

第二节　播音主持批评学的创新性

建立播音主持批评学,就播音主持艺术学学科而言,具有重要的"首创"意义;就播音主持批评本体而言,具有显著的"系统"特征,显示出播音主持批评学的创新价值。

一、创新性

社会传媒的发展、播音主持理论和实践的发展都呼唤着播音主持批评。但目前明确提及“播音主持批评”的相关研究著作与论文屈指可数,它们多提出建立播音主持批评学的迫切性和必要性,并给出了各自的理论框架。播音主持艺术学科的建立实属不易,学科的理论架构也在几十年中逐渐完善。正所谓“图功易,成功难;成功易,守功难;守功易,终功难”。现下首先要做的便是“守功”,守住这来之不易的学科建立的成功,继承这经过实践检验和扬弃之后的理论成果;同时将新经验、新认识、新理论不断补充进来,让播音主持理论常葆活力、让播音主持事业常葆活力。仅仅守功,便会立吃地陷、坐吃山空;除了继承,更要踵事增华、锦上添花。播音主持艺术实践性很强,其理论不是纸上谈兵、闭门造车得来的,而是实践经验的升华。没有实践,理论便会空洞,好似雾里看花、隔靴搔痒。播音主持批评学补充了学科专项研究,具有创新性。

二、系统性

播音主持批评学应是系统的、整体的、开放的、发展的,而不应是零碎的、局部的、封闭的、静止的。正是基于此,播音主持批评学应包含并不限于这些方面。

(一)播音主持批评本体论

首先应当明确什么是“批评”,批评的内涵是什么,如何分类;在此基础上进入“播音主持批评”的范畴,厘清播音主持批评的内在含义、本质属性、外在特征等。

(二)播音主持批评主体论

哲学意义上的主体,一般是指对客体有认识和实践能力的人。因此批评的主体就是批评家。批评家有职业的，也有非职业的，他们有一定的社会、文化、学术定位，都应当具备丰富的阅历、广博的知识、睿智的艺术判断能力、高尚的理论人格魅力等条件。

（三）播音主持批评客体论

客体即对象，播音主持批评的客体主要立足播音主持有声语言作品，与之密切相关的人、活动、理论、现象、思潮等事项也是重要的研究对象。

（四）播音主持批评功能论

播音主持批评的功能不仅在于对理论的补充，也在于对实践的指导，建构理论、督导创作、匡正标准、提升审美、推动传播、促进沟通等都是批评功能的有效体现。

（五）播音主持批评方法论

方法是一种角度、一种途径，不是一成不变的。不同的时代、不同的对象、不同的标准、不同的情境等都会产生不同的方法。同时我们应当警惕方法的局限性。考虑到播音主持学科的特殊性，必须强调并探寻批评方法在具体路径上的民族化特征。

（六）播音主持批评标准论

任何批评家在进行批评活动的时候都会设立一个标准，这种标准有政治的，有文化的，有艺术的，有媒介的等；批评标准的确定是展开批评活动的关键问题之一，没有相对统一的衡量标准就难以对不同的批评对象进行恰切把握。

（七）播音主持批评样态论

播音主持批评样态论主要涉及播音主持批评的样式、形态，即具体批评写作的不同文体体裁、取材题材与表现形态，是播音主持批评的最终呈现。

(八)播音主持批评发展论

播音主持批评发展论主要涉及播音主持批评的历史进程、历史分期、发展路径等内容,对播音主持批评学的基础研究与未来发展有重要作用。

除此之外,还有播音主持批评风格论、播音主持批评流派论等诸多内容。播音主持批评的这些方面相互联系又分工明晰,紧紧围绕广播电视语言传播的"音声性"特征,在"美学的、历史的"宏观框架之下,坚持"以人民为中心"的核心标准,可以形成较为完整的播音主持批评学体系。

第三节 播音主持批评学的可行性

建立播音主持批评学,可以为播音主持艺术学学科提供相关的理论基础与广阔的表达空间,为其他学科提供深厚的理论参照与有效的实践参考。

一、本学科层面

一方面,批评是一种理论活动,其在基础理论之上对批评对象进行提升;播音主持艺术学理论经过几十年的建设、完善,已初具规模,走向成熟,给播音主持批评学提供了较为深厚的理论基础。

另一方面,现下的一些评论文章,或由于缺少批评理论的支撑,或由于批评者缺少批评职业素养,呈现出随意化、模式化、个人化、功利化等"伪批评"状态;但也应当看到,播音主持批评虽未蔚然成风,却也有片光零羽,播音主持批评学大有可为。

二、其他学科层面

文学批评、文化批评、艺术批评等伴随人类历史几千年的发展，理论较为成熟、体系较为完善，多有可供借鉴之处。值得注意的是，现下与播音主持相关的评论文章大多从艺术批评的角度出发，诚然，艺术性是播音主持的重要属性，但绝非本质属性，切不可枝附叶从、失去自我。由此可见，播音主持批评学的出现迫在眉睫。

媒介批评、电视批评等专业批评出现的时间相对较晚，论著也不甚丰饶，与播音主持密切相关。一般来看，播音主持多为其批评对象的一部分；由于批评主体对播音主持缺少专业认识，批评显得不甚专业和深入，有待播音主持专业批评的补充和完善。

另外，音乐、美术、设计、雕塑、建筑、影视等艺术门类的批评有的方兴未艾，有的根深叶茂，它们有着各自的价值尺度和衡量标准，这些亦可作为播音主持批评学的有效参照。

01

第一章 播音主持批评学理论背景

播音主持艺术学是一门年轻的学科,也是一门交叉学科。它以文学和语言学为基石,以哲学和美学为指导,融合新闻、艺术、文化、社会等多重属性,集思广益、博采众长,充分显示了学科的前沿性、可容性。这一点仅从学科建立近六十年来名称的流变即可窥见:从专业设立之初的中文专业下"中文播音"方向(大专)到本科专业播音与主持艺术,硕士、博士专业从广播电视艺术学到语言学及应用语言学再到广播电视语言传播。艺术升为门类之后,"播音与主持艺术"/"播音主持艺术学"则基本成为本、硕、博的专业名称。相关学科为播音主持艺术学的理论研究、教育教学等提供了丰富的经验。有些学科的批评理论伴随人类社会几千年的发展业已成熟,有些学科的批评理论则刚刚起步,但他山之石、可以攻玉,播音主持批评学的发展需要稽古振今、以往鉴来。

第一节 文学批评理论

文学批评是对文学现象特别是具体作家、作品进行分析、评价的一门学科。文学批评可以阐释作家意图、评判作品价值，不仅具有理论研究的意义，还身兼读者启蒙的任务。

一、中国文学批评概览

中国古代的文学批评是伴随文学创作活动与文学观念的生存而发展的。[①] 从孔子"删诗定礼"开始，典型的文学批评活动便开始了。魏晋南北朝文学批评的繁荣，唐代对诗的认识，宋代对词的研究，元代对曲的发展，明清对小说的批评，构成了中国古代批评的节节推进。中国现当代文学批评受西方理论思潮影响，流派众多，成绩斐然。

先秦时期的学术门类划分尚不清晰，文史哲不分家，诗乐舞一体化，因此文学批评尚处于萌芽状态，只有只言片语散见于各类著述中。孔子思想的核心是"仁"，即"仁者爱人"；他强调中庸之道，即无过无不及。孔子"兴于诗"的理论是对诗的道德修养作用的强调；"兴、观、群、怨"是对诗的启发作用、认识作用、团结众人作用、干预现实作用等社会功能的总结；而"尽善尽美"和"思无邪"的文学美学观一直影响着中国人的审美意识。孟子是孔

① 刘锋杰.文学批评学教程[M].上海：华东师范大学出版社，2010：5.

子思想的传人，他的“知言”“养气”之说虽不是针对文学批评，但后世依然以此出发来理解个人修养和文学的关系，曹丕、刘勰、韩愈等人的理论思想均承此而来。孟子还用“知人论世”和“以意逆志”的方法分析、批评不同的作者和作品，对诗作出全面、客观的评价。荀子是战国末期儒家思想的集大成者，他主张人性本恶，需要学习(经典)才能趋善；其对《诗》《书》《礼》《乐》《春秋》等儒家经典给予高度评价，开宗经、征圣、明道思想之先。老子的文学批评思想主要体现于其“大音希声、大象无形”的论述，他反对那种令人目盲、耳聋的感官刺激作品，追求自然无为的至高境界。庄子继承了老子的思想，对于文学审美的追求是朴素自然；但不同于老子对语言“道可道，非常道；名可名，非常名”的看法，庄子提出得意忘言，虽然言不尽意，但可以把语言当作“得意”的工具，再借助表达的方法获得言外之意。

文学批评在汉代逐渐走向成熟。《毛诗大序》对文学本质的认识进一步深化，提出诗的功能是抒情言志，同时强调其讽喻、教化的社会作用，并且提出风格应婉转含蓄。这些理论在我国长期的封建社会中成为一种有力的统治思想，广泛地指导着人们的创作和批评，由此，正式确立了封建的正统文艺观。[①] 汉代文学批评主要针对辞赋。司马迁对文学创作提出“发愤著书”说，对后世文人影响颇大。扬雄对“丽以则”的赋持肯定态度，认为赋除了辞藻华丽之外应合乎法度、有益教化，切中了汉赋只重形式不顾内容的不良创作倾向。王充的《论衡》是汉末的重要思想收获，其用朴素的唯物主义观点破迷信、反神学。王充提出文学应有为而作、应有益于世，应疾虚妄、务实诚，同时反对贵古贱今。《论衡》虽主要论述哲学问题，但其对文艺的许多理论观点、对魏晋时期文学理论和批评具有重要的作用。

魏晋南北朝时期的文学批评繁荣鼎盛，是中国文学批评史上的一座高峰。这一时期，朝代更迭、政权变换、社会混乱、民生艰难；但同时又促进了精神开阔、思想活跃、文艺繁荣、人才层现。曹丕的《典论·论文》论及范围广泛，对后世的文学批评影响巨大。在评论作家时，曹丕着重探讨了作家的

---

① 王汝梅，张羽. 中国文学批评史[M]. 北京：北京师范大学出版社，2011：38.

才情和作品的关系，提出了“文以气为主”的观点，并认为齐气不如逸气、和气不如壮气，提倡刚健清新、遒劲有力的文风，成为“文气”论之滥觞；他高度概括了不同文体的不同表现手法，看到了文学之美；他强调文章利国利己的意义，使得文学的创作规律、文体特征等成为文学研究的重心，促进了文学批评的进一步深入。陆机的《文赋》沿着《典论·论文》进一步发展，全面系统地研究了文学创作的过程，论述了不同文体的不同风格，提出了文学作品“应、和、悲、雅、艳”的艺术之美，六朝各家各派的文学批评几乎均受其影响。南齐永明声律论的“四声八病”说在长期发展后终成唐代的格律，诗、赋、骈文等文学体裁也在其影响下具有更为和谐的语音特色。刘勰的《文心雕龙》总结了南齐之前文学创作和文学批评的经验，形成了对各个时代各种体裁的文学作品及作家完整的批评体系。关于风格，刘勰强调文如其人；不同文体应有不同风格；并进一步提出文学作品应风清骨峻的“风骨”论，即文章既要有情感的渲染，也要有结构的严谨，直指南朝骈文浮华柔弱之风，主张明朗刚健的文风。关于创作，刘勰提倡心物交融、主客观统一；他的“神思”论提出为文运思，文思运行，想象展开，创作过程中再进行判断与选择；同时还指出神思活动的展开需要“虚静”的精神状态，以知识的积累为基础，创作之时专心致志、排除干扰。《知音》是中国历史上第一篇对文学批评做系统研究的文章。刘勰指出，贵古贱今、崇己抑人、信伪迷真以及个人兴趣、性格等原因会造成批评的偏差；要做出全面、客观的评价就要加强自身修养、掌握创作规律；可以从“观位体、观置辞、观通变、观奇正、观事义、观宫商”等六个方面评价文章。《文心雕龙》既是一部文学理论著作，也是一部文章学著作，又是一部文学史、一部各类文体的发展史，而且还是一部古典美学著作，刘勰及其《文心雕龙》开创了我国文学批评的新纪元，在中国文学批评史上占有重要地位。① 钟嵘的《诗品》是一部诗论专著，是继《文心雕龙》之后文学批评的又一部重要著作。书中将汉代到南梁的 122 位五言诗人分为上、中、下三品，对其创作特色都进行了论述。钟嵘认为外界事物触发了诗人的创

① 王汝梅，张羽. 中国文学批评史[M]. 北京：北京师范大学出版社，2011：70.

作情感,不是无病呻吟,而是真挚纯洁之情;他以自然美为最高的审美准则,并且提出诗歌应"文已尽而意有余",给人以回味无穷之感。

隋唐时期,国家统一,国力强盛,儒、释、道兼容并包的社会氛围,对文学有着深远影响。陈子昂主张汉魏风骨;殷璠提出兴象和诗境,即诗人通过意象抒情并将读者带入曼妙的情境,为中国"意境"之先声;王昌龄在《诗格》中要求创作须情景交融;杜甫对前人的文学遗产采取了正确的批评继承的态度;白居易要求诗歌创作应针砭时弊,具有真实性;诗僧皎然的《诗式》论述了情与境的关系,重视意境的创造;韩愈集中论述了人品文品统一、道德文章并重的原则;柳宗元重视文以明道;司空图提出"韵味""象外之象、景外之景"等意境理论;他的《二十四诗品》讨论了二十四种不同的诗歌艺术境界,并且以诗的形式来评诗境,创造了一种新的文学批评方法。

北宋初期结束了五代十国的战乱,政治稳定,经济发展,持续数百年的宋明理学由此发端。欧阳修继承了韩愈的思想,主张文以载道,用儒家古道去解决现实问题,同时又发展了韩愈"不平则鸣"的思想,提出"诗穷而后工"的见解,并从情景交融的角度阐述了诗歌的审美意象和艺术境界。苏轼主张文学创作应当有为而作,要掌握好艺术形象的形神关系,审美上追求平淡自然的超逸之境。黄庭坚开创了江西诗派,强调温柔敦厚、夺胎换骨,重视句法,对后世具有不小的影响。严羽的《沧浪诗话》主要针对江西诗派的理论弊端提出,认为诗歌应当注重意境而不是句法;主张以盛唐为法,概括出诗歌优游不迫的柔美和沉着痛快的壮美两种艺术风格,"入神"则是二者结合的最高境界。

明初思想统治严密,推崇汉唐,推行程朱理学及儒家经典,于文学理论、文学批评方面并无太多建树。从嘉靖后期开始,统治集团内部已经极端腐朽,封建专制即将走到尽头,社会思想文化也开始发生变化。王阳明"心外无物、心外无理"的心学消解了程朱理学的统治地位;李贽的"童心说"在心学基础上反理学、反传统,提倡人性解放,他的学生"公安三袁"提倡独抒性灵、不拘格套,都是晚明新文艺思潮的代表。冯梦龙对通俗小说十分重视,甚至将其作用比肩儒家经典,同时对小说的艺术真实与生活真实等理论有一定的论述。以沈璟为代表的吴江派和以汤显祖为代表的临川派对曲论各有见解，前者重格律，后者重“至情”；两派实则只是着眼点、侧重点不同，形式与内容的统一是艺术作品应有的追求。

明清易代使得清初的文学批评带有明显经世致用的特点。王夫之提倡情景交融的艺术境界，还对孔子“兴、观、群、怨”的理论做出进一步发展，认为四者应统一于文学创作中，使之更有感染力。清中期的文学批评倾向于讨论文学本体，王士祯的“神韵”说倡导雅正而有风韵、冲淡而又蕴藉的诗风；沈德潜的“格调”说要求诗歌平和含蓄有韵致；袁枚的“性灵”说强调诗歌的真情才有价值。桐城派的古文理论影响很大，方苞强调“清真古雅”的“义法”，刘大櫆强调“神气”，姚鼐主张义理、考证。李渔的戏曲理论取得了卓越的成就，他指出戏曲要反映生活、人物应当个性化；戏剧结构应有机完整，语言应生趣空灵；主张独创，追求新奇，反对雷同。1840 年鸦片战争之后，西方资本主义势力侵略、西方文化迅速输入，文学开始呈现现代化的色彩。资产阶级维新派文人提倡诗界革命、文界革命、小说界革命，希望用文学唤醒大众、推动维新；资产阶级革命派则希望文学成为推翻清朝的工具。清末的小说批评从评点到论文开始走向独立化和系统化。

王国维是中国文学批评史上承前启后的重要人物，是从传统向现代转型的代表人物。《红楼梦评论》运用叔本华的哲学、美学思想对《红楼梦》进行了系统的评价，是用西方思想理论阐释中国传统文化作品的第一次尝试，对我国小说批评和红学研究具有深远的影响。《人间词话》是用传统的词话形式写成的文学批评作品，立足本民族文化、融入现代批评思想，标志着王国维批评思想进入中西交融的新高度。他对意境、真和自然、有我之境与无我之境、隔与不隔等文学、审美范畴有着独到的创见。

从 1917 年初《新青年》的同仁揭文学革命的大旗开始，现代文学批评才进入生气勃勃的创建期，不再是王国维当年独立垦拓那样的惨淡经营了。① 胡适的《文学改良刍议》、陈独秀的《文学革命论》、刘半农的《我之文学改良

① 温儒敏.中国现代文学批评史[M].北京:北京大学出版社,1993:23.

观》、周作人的《人的文学》、康白情的《新诗底我见》、欧阳予倩的《予之戏剧改良观》等，都是中国现代批评史上的重要作品。

周作人提出了"人的文学"以及"平民文学"的口号，成为五四新一代作家共同的取向。之后其看到这一理论追求中功利性的色彩，又提出了"自己的园地"之说，尊重文学的独立性以及维护文学创作的自由思想。周作人主张"批评宽容"，因为文艺大一统的格局不适合新时期文学创作的自由发展，但是在现代中国社会很难实现。周作人的文学创作实践以散文或说小品文为代表，他对散文的批评主要在于主张"美文"的趣味性、平淡自然以及苦涩。总体来看，周作人的批评思想倾向回归传统，较好地将现代批评和传统批评结合了起来。

在新文学初期及左翼文学时期，茅盾可以说是最重要的批评家。他以"表现人生指导人生"为批评准绳，继承了19世纪欧洲现实主义批评理论，偏重社会功利批评，也就是"为人生""重教化"。在左翼文学时期，他受到马克思主义文论的影响，形成了"作家论"的批评文体，用阶级分析的方法对当时的8位重要作家做出了评价。在分析这些作家作品时，茅盾注重题材对创作的决定作用以及作品的观念，对作品的艺术性则较少论及。

1936年，李健吾的批评论集《咀华集》的出版标志着印象派批评的成熟。李健吾的批评平和亲切，没有说教色彩，在现当代都有一定的影响。李健吾的批评主要是"自我发现"，没有固定标准，也少论及时事政治，他坚信批评是独立(于作家作品)的，也是艺术创造，是心灵的奇遇，并坚持自己的阅读感受。印象派批评有其优点，但局限也是明显的。批评文章不能只凭个人感受而不做深入的理论分析。当代的不少印象主义批评就混淆了作家作品的实际价值和感受，使得文章看似漂亮却缺少力度和深度。

1928年革命文学运动开始之后直到20世纪50年代，冯雪峰一直从事马克思主义文学批评近30年。他坚持反对革命文学阵线中长期存在的"左"倾机械论，"左联"时期他提出"唯物辩证法批评方法"，40年代冯雪峰的批评理论相对成熟，他对革命现实主义有了更深的思考，强调真实反映生活，重视文学作品中典型人物的塑造。在马克思主义文艺理论中国化的曲折历程中，周扬的批评理论是其中重要的一环。他的“从属论”认为文学的作用是宣传教育，文学批评的功能就是文艺战线上的阶级斗争；“形象论”认为作品通过形象反映真理，除此以外文学和政治并无区别；“本质论”要求文学作品应当选择无产阶级革命性的题材，并在作品中贯穿唯物辩证法的思想。对周扬批评理论的理解和评价应该放到特定的历史语境中才不会有失偏颇。

朱光潜是中国现当代著名的美学家，也是一位重要的批评家。他将批评理论上升到实用美学的高度，主张“把文艺的创造和欣赏当作心理的事实去研究，从事实中归纳一些可适用于文艺批评的原理”。[①] 他将文艺的本质看成直觉的表现，美感关照是一种单纯的直觉活动，并无判断的成分，因此审美和批评是不同的；但是朱光潜对二者加以区别的同时，又力图在批评的层面将二者结合起来，所以他提出在审美活动之前应先“名理”，也就是对作者作品等背景情况的了解，为欣赏做准备，经过欣赏获得审美经验之后，还要“名理”，也就是对作品的反省、思考、批评。他的批评观建立在直觉论的基础上，以了解、欣赏、反省作为批评的三步过程，将直觉审美和价值判断很好地结合起来，并且他认为批评家是主动的创造者而不是被动的解说者，这些都可以看作接受美学的先导。

沈从文既是现代文学史上一位成绩斐然的作家，也是一位批评家。他追求健康、自由、和谐的精神世界，希望文学能给精神的荒原带来活力。他的批评注重作家作品的风格，即作品的艺术表现是否与作家的性情相契合，是对作品整体审美的把握。

梁宗岱的文学批评主要针对新诗，他以中国古典诗歌来比照现代新诗时对其“肤浅、生涩”深感失望，由此提出“纯诗”理论。纯诗只抒写“诗情的感受”，重建诗的本体意识，区别于散文的表达。纯诗的境界体现在“宇宙意识”上，即精神的高深、精微，使作品能够沟通天人；而获得宇宙意识则需要“冥想出神”，即在静谧的感觉中悟察一个新的世界。他强调完善人格素养、

① 朱光潜.朱光潜美学文集：第1卷[M].上海：上海文艺出版社，1982：3.

丰富人生阅历、健全审美心理、敏锐艺术感悟，虽然在当时有些“不合时宜”地理想化，但对新诗的探索还是具有一定的启发意义的。

进入当代，尤其是改革开放以来，文学批评进入一个全新的发展期。文学作品大量涌现，文学批评也随之发展。文学从“走向世界”到“走向读者”，由迎合读者到征服读者，是许多批评家所主张的；文学批评由政治化、公式化向艺术性、系统性的转型也是必然的趋势。但是也要看到，有威望、有影响、有可信度的批评家太少，坚持批评活动的更少；有偿批评等现象不仅破坏了文学批评的公平正义、学术权威，更影响了不少年轻批评家的真诚态度。造成这个局面的原因也是多方面的，比如当代文学发展时间较短，能否“成史”依然成为学界争论不休的话题，导致对当代文学不够尊重的风气蔓延；比如商品经济的发展对人思想的冲击；比如“后现代”文化思潮对一切的激进消解等。

进入21世纪，文学批评出现了一些新的潮流。“完美批评”是“一些批评家出于对文学事业的热情和热爱”，“以完美标准观照之下，对作品做出了过于严厉的批评与苛责”。① 比如李建军对陈忠实的批评，刘川鄂对池莉的批评等。“酷评”现象的出现和商业化密不可分，批评之时冷酷、尖刻，反理性、反美学，是为获取利益而包装出来的，遭到了学术界普遍的否定。另外，对影子批评、艰涩批评、不及物批评、不讲理批评等的批评对文学及文学批评的发展是大有裨益的。

二、西方文学批评概览

在西方，柏拉图被称为第一个批评家。他认为现实是理念的影子，艺术模仿现实，因此是影子的影子，“和真理隔着三层”。亚里士多德的文艺观与之不同，他对悲剧“陶冶”作用的阐释被认为是西方文学批评第一次回归文学本身的标志。古罗马时期的贺拉斯提出了诗作应“寓教于乐”的观点，开

① 姚楠.中国当代文学批评论[M].北京:中国社会科学出版社,2012:45.

启了西方古典主义批评的先河。17 世纪法国批评家高乃依提出了著名的“三一律”,要求在一天中的同一地点完成一个故事。18 世纪的法国批评家狄德罗强调批评家的德行,反对好为人师、妄自尊大;德国批评家莱辛主要研究了诗画的区别问题,开创了区别认识诗画的批评空间。19 世纪的俄国批评家别林斯基主张文学是对现实的再现,哪里有真实,哪里就有诗。20 世纪的西方出现了众多的批评流派,呈现出流派纷呈、百花齐放的格局。这些批评理论大多立足文学,论及文化、艺术、媒介等多方面,所以在文学批评、文化批评、艺术批评、媒介批评、电视批评中,都能看到这些批评理论的身影。

审美批评从审美的角度批评文学作品,反对赋予文学艺术宗教的、政治的、道德的功能,崇尚审美价值。审美批评强调作品的诚挚性、独创性、真实性、和谐性,使其具有批评的可操作性。

文学是语言的艺术,从语言的角度从事文学批评不可或缺,但是直至 20 世纪,西方哲学的“语言转向”才给文学的语言批评提供了发展的契机。20 世纪初,俄国的形式主义要求文学研究应回归文学的本体,也就是语言;随后的英美新批评也同样重视从语言的角度来研究文学;20 世纪 60 年代的法国结构主义也强调文学的独立自足性,并借用语言学理论来分析文学作品。但是他们大多专注于文本的内部分析,而忽视作品的作者、背景、审美特性。

社会历史批评是文学批评史上古老的批评流派之一,历经维柯、丹纳、勃兰兑斯以及俄国革命民主主义批评家、马克思主义批评家的努力,于 18 世纪到 19 世纪达到成熟。他们认为“社会”和“历史”是对文学进行评判的重要尺度,应当揭示作品背后广阔的社会历史背景。但其“单向度”的理论只重视社会历史对文学的影响而忽视文学作品对社会历史的反作用,且忽视文本的美学价值,忽视经济的作用,因此其批评是有一定的范围的,并不适用于所有的文学作品。

精神分析批评由奥地利心理学家西格蒙德·弗洛伊德与 20 世纪初开创,可以说是 20 世纪西方文学批评界影响最大、最深远的流派之一。心理分析于文学批评有这么几个切入点:把文本视为作家某一“情结”的发散;从文本解读中发现作家的人格心理;把作品视为作家被压抑的无意识的释放等。精神分析批评拓展了文学批评的思维和空间,为深层解读文本提供了有效的途径,也推动了文艺心理学的发展;但精神分析批评常出现"泛性欲化"的倾向,容易忽视文学作品所蕴含的丰富的社会政治、经济、文化等内容。

女性主义文学批评崛起于20世纪60年代的欧美,是女性对自身历史境遇和现实状态反思的结果,也是女权主义运动深入文化领域的结果,女性文学的兴盛客观上为文学批评提供了对象和资源。女性主义文学批评主要批判男性中心主义、探讨女作家的性别意识、考察作家文化人格构成,纠正了文学中性别歧视的倾向,并且吸收了各种思潮,逐渐发展成为更为开放、活跃的批评流派。

新历史主义文学批评起源于20世纪80年代,主张"返回"文艺复兴时期对当时的历史、文化、文本进行重新建构和阐释。其结合文本研究和文化研究走向多元化的批评,但其带有的强烈的政治意识形态、时间和空间的错乱是其局限性。

20世纪后期,自然环境遭到严重破坏,人们的生态意识不断增强,对生态文学的研究开始迅速发展,生态批评由此登上历史舞台,美国是其发源地。生态批评以生态的立场与观念作为出发点,以生态中心代替人类中心,要求以整体的、平等的思想为标准来评价和阐释文学中人和自然的关系。

第二节 文化批评理论

"文化"一词,中国古已有之。《说文解字》里说:"文,错画也,象交文。"文的本意就是各种交错的纹理,比如手掌上的纹理交错称为掌纹,布帛上的纹理交错称为布纹,天上日月星辰交错称为天文。《说文解字》又说:"化,教行也。”也就是改易、造化,教行迁善。西汉刘向的《说苑》里有这样的语句:“文化不改,然后加诛。”这是第一次把文和化连在一起,也就是说,经过文治教化,如果还不改,那就直接杀死。所以,可以把“文化”理解为化成天下、以人文教化。在西方,“文化”的最初意义是耕作和饲养活动,到古罗马时期被引申为培育人的心灵,后来又成了文明的近义词,近百年来又为各个学科所众说纷纭。英国的威廉斯对文化的定义较有代表性,他认为文化是由物质、知识、精神构成的整个生活方式。由此可见,文化的含义不断拓展,日趋复杂,它包括许多领域,比如认识领域的语言、哲学、科学、教育等,比如规范化的文化领域的道德、法律、信仰等,比如艺术领域的文学、美术、音乐、舞蹈、戏剧等,比如器用科学领域的生产工具、日用器皿、制造技术等,比如社会领域的组织、风俗习惯等。既有物质文化,也有精神文化。

文化批评主要指涉的是对文学的文化学视角的批评和研究,同时也指将广义的文化现象当作文本进行批评。① 既然文化的含义已经扩展,那么“文化批评”的侧重点也应当有所调整,当代主要是将广义的文化现象当作批评对象(文化研究),同时也包括对文学从文化学视角进行的批评和研究(文学的文化批评)。

一、中国文化批评概览

西方的文化研究(文化批评)发轫于1964年英国伯明翰大学英文系成立的当代文化研究中心,大约在20世纪80年代末90年代初文化批评理论被介绍到中国。中国的文化批评并不是舶来品,从古代的“策论”到近代的“报章”再到现代的“杂感”,直到“文革”时期所谓的“大批判”,都可以说是当代中国文化批评的前身,而在这些批评文体及思想背景的影响下,当代中国的文化批评也就成为文学批评、思想评论、社会分析和文化研究的混合体。②

---

① 王宁.后现代主义之后[M].北京:中国文学出版社,1998:184.

② 曾军.文化批评教程[M].上海:上海大学出版社,2008:2.

伯明翰学派感受到了西方商业性大众文化对工人阶级文化的冲击,从而开始了文化研究。因此,大众文化的兴起助力了文化批评的出现。大众文化的内涵在中西方学界均有多种不同的理解,但大致可以这么认为:大众文化是以大众传播媒介(机械媒介和电子媒介)为手段、按商品市场规律运作的、旨在使大量普通市民获得感性愉悦的日常文化形态。[①] 20 世纪 90 年代的“人文精神”大讨论由批判文学创作“痞子化”倾向发端,逐渐拓展成为一种社会文化批判,针对的是大众文化以及世俗化、市场化的发展导致的社会道德沦丧、价值失落、信仰危机等现象,批判大众文化集中了世俗主义、功利主义、实用主义、物质主义、享乐主义、拜金主义等一切丑恶。“新左派”的大众文化批评指出大众文化已经成为中产阶级的文化,敏锐地看到了大众文化的发展趋势,但有以偏概全之嫌,没有看到大众文化构成的复杂性,也没有深入研究资本对大众文化的控制是如何实现的。

后殖民批评是当代中国文化批评中的一个重要分支。20 世纪 90 年代赛义德的《东方学》被介绍到中国,引发对“中华性”“国民性”等问题的思考与讨论。批评家们尖锐地指出艺术家为了迎合西方的审美而“东方主义”式的创作;但是值得注意的是后殖民批评家们容易给涉及中国传统文化或现实政治的作品打上“妖魔化”中国的标签。因此,要考虑到后殖民批评在中国本土的适应性,反对文化霸权,弘扬中华文化,但不能人为制造中西方的二元对立。现代化不等于西化,但其必然带有西方的影响。我们既不崇洋媚外,也不因噎废食,积极去学习、去扬弃。

女性主义批评兴起于 20 世纪 80 年代,其内涵主要有女性阅读批评和女性写作批评两大类。前者主要针对男性文学传统进行分析和批评;后者主要立足于女性写作,以期构建适用于女性文学的批评模式。面对女性话语权力的丧失,中国的女性主义者认为应当否定男性中心,建立女性主体意识,要重新发现女性历史和女性传统。进入 90 年代,以陈染、林白等女性作家为代表的“私人经验”写作以强势姿态登上文坛,远离男性中心的制约和

① 陶东风,徐艳蕊.当代中国的文化批评[M].北京:北京大学出版社,2006:73.

同化，表达着女性的生命体验。女性主义批评为其出现提供了合理的理解路径，而私人经验则成为女性主义批评重要的立论依据。

社会经济的发展、消费时代的到来，直接导致了日常生活的审美化趋向。消费主义批评随之而来。他们指出，商业和艺术的界限难以分辨，"任何日常生活都可能以审美的方式来呈现，高雅艺术于大众文化之间的界限消失了"。① 商品社会的生活、消费方式和身份认同联系在一起，产生了等级的划分，产生了新的不平等，这也是消费主义批评的重点。同时，消费主义批评还将视角转向"新型文化媒介人"，批评他们不敢直面尖锐的社会、政治问题，却在制造文化繁荣的假象。

从《大话西游》开始，当代中国出现了一个新的文化现象——大话文化。经典被解构，并且以一种现代的方式被重构。"犬儒主义"在公元 5 世纪的希腊诞生，其核心是对世界的不信任和拒绝。大话文化与其一脉相承，一方面有否定一切、玩世不恭的叛逆，另一方面倡导得过且过、走向妥协。在消费主义、犬儒主义盛行的环境中，"大话一代"与政治、历史、民族、家国这类"宏大叙事"有着先天的隔阂，他们怀疑一切、蔑视权威，却更加现实、更加投机。"大话文化"成为特定社会历史条件下中国文化的一朵奇葩。

二、西方文化批评概览

20 世纪之前的西方文学理论主要是哲学和美学占领着阵地，20 世纪之后，"现象学""精神分析""形式主义"等全新理论以及以伯明翰学派为代表的文化研究的兴起，使得文化同学术更加紧密地结合，文化批评日益发挥着不可替代的作用。

20 世纪 20 年代以来，西方出现了一个松散的思想群体——西方马克思主义。他们提出重新研究、重新发现、重新创造马克思主义，注重理论批判，研究重心由政治、经济转向文化、艺术。葛兰西是意大利共产党的创始人之

① 费瑟斯通.消费文化与后现代主义[M].刘精明，译.北京：译林出版社，2000：11.

一，他提出了“文化霸权”的理论，即统治集团进行意识形态的控制，知识分子应当通过传播文化争夺对市民社会的文化霸权，逐渐实现历史的变革。同一时期，德国的法兰克福大学社会研究所的一些知识分子逐渐形成了法兰克福学派。他们强调艺术的拯救功能，批判大众文化对艺术本质的违逆和对大众意识形态的控制。法国的路易・阿尔都塞创立了结构主义意识形态理论，他认为意识形态环境造就了个人，让个体以为这就是真实的自己，从而为统治阶级实现统治。英国的特里・伊格尔顿强调意识形态的阶级性和文学的政治斗争功能，批判后现代主义怀疑一切的虚无主义。弗雷德里克・詹姆逊的后现代主义文化理论对中国具有较大的影响，他认为文化的发展经历了现实主义、现代主义和后现代主义，后现代文化是不追求深度、历史感并且主体性消亡的文化；反对消费主义；他提出全球化是客观趋势，但不代表“美国化”，认为全球化是双刃剑，对发展中国家应对全球化具有积极的意义。

结构主义符号学将语言学的概念运用到文化领域，把文化视为不同的符号体系，批评文化成规，为文学去神秘化，重视科学性、严密性、客观性，但是容易陷入符号关系的解读而忽略文本。

精神分析批评源于弗洛伊德，在哲学、社会学、文学、艺术性等多个领域都具有深远影响。文化批评和精神分析最终都是回归个体的自我意识，针对大众文化全面欲望化、游戏化、平面化、粗鄙化的趋势，从精神分析的视角进行探讨是必不可少的维度。

文化的社会学批评着眼于阶级文化等方面；“都市空间”是文化批评的一个重要论域，他们着眼于城市是文化的容器、空间全力分布、空间政治学等领域；技术批评主要针对媒介的发展对人主体性的影响；商品消费批评针对的主要是商品拜物教和劳动异化；身份认同批评从全球化进程中的身份焦虑、种族、语言等问题切入研究文化；文化传统主要研究传统文化在现代化、全球化境遇中的保护和开放，提出应对其进行创造性的现代转换，使其具有现实意义和价值。

尽管从 19 世纪以来，从尼采的“上帝死了”到罗兰・巴特的“作者之死”、福柯的“人之死”、希利斯·米勒的“文学死了”,从黑格尔的“艺术终结论”到福山的“历史终结论”、丹尼尔·贝尔和亨廷顿的“意识形态终结论”,悲观、死亡之声相闻,但正是在这种“面死而在”中,文化批评理论创造了20世纪以来人文思想领域里的辉煌。[①]

第三节 艺术批评理论

艺术批评是艺术的科学审美判断,是在艺术欣赏的审美感受、体验的基础上对艺术真谛的审视与评判的科学活动。[②] 艺术批评不仅为艺术欣赏提供了指导,更是推动艺术创作、丰富艺术理论的重要渠道。古今中外,艺术批评都伴随着人类社会的发展,逐渐成为艺术活动的重要组成部分。

一、中国艺术批评概览

中国的艺术批评理论,基本脱胎于文学批评理论,因为在周代的礼乐制度下,诗、乐、舞是一体的。“乐”不仅仅是音乐,而是以音乐为主、包含了诗和舞的综合性艺术。

春秋时期,诗与乐开始分离。孔子以“仁”作为思想核心,提出了“兴于诗,立于礼,成于乐”的思想;强调“善”和“美”的统一,将“尽善尽美”作为评价艺术作品的重要尺度,这也是“中和”思想的重要体现。以孔子为代表的儒家美学思想,更重视艺术的社会功能即政治教化作用,和道家崇尚自然无为的态度形成对立,却也是互补。“在道家看来,真正的美不是世俗人们所

① 曾军.文化批评教程[M].上海:上海大学出版社,2008:3.
② 田川流.艺术批评学[M].南京:东南大学出版社,2012:1.

追求的感官声色的愉快享受或权势欲望的恣意满足，也不是儒家虚伪的仁义道德的实现，而是一种同自然无为的道合为一体、超越人世的利害得失、在精神上不为任何外物所奴役的绝对自由的境界。”①庄子认为，“朴素而天下莫能与之争美”；还提出了“虚无”“形神”等艺术评判的标准。

《周易》是形成于西周初期的一部占筮用书，构建了“太极生两仪”的宇宙论和“一阴一阳之谓道”的世界观，其提出的刚柔相推而生变化、物极必反、变通趋时、自强不息、厚德载物、乐天知命等思想深刻影响了中国人的思维方式、生存格局、基本性格等方面，也为中国的艺术批评奠定了深厚的哲学基础。

《乐记》是中国第一部比较系统的音乐批评著作。“情动于中，故形于声”是对艺术本质的回答，“德乐”“治心”则是对艺术社会功能的认识。另外，《乐记》还指出了艺术欣赏中的通感现象，视觉参与到听觉当中，使得审美感受更加丰富。

“汉末魏晋六朝时中国政治上最混乱、社会上最苦痛的时代，却是精神史上极自由、极解放、最富于智慧、最浓于热情的一个时代，因此也就是最富有艺术精神的一个时代。”②乐论方面，阮籍的《乐论》区别了“雅乐”和“淫声”，主张音乐的平和淡雅，反对以悲为乐；嵇康的《声无哀乐论》认为音乐并无悲喜，一切来自人心，反对儒家的音乐理论，主张回归人的本心。总体来看，他们的音乐主张虽有所偏颇，但对音乐的“自觉”具有积极的意义。画论方面，顾恺之于人物画提出“传神写照”；宗炳于山水画提出“澄怀味象”；谢赫在中国第一部系统的绘画批评著作《古画品录》中提出“气韵生动”，不仅对绘画也对文学理论产生了重要影响。

唐代是中国封建时代的巅峰，政治、经济、文化都空前发展，艺术全面繁荣。唐代艺术“既不纯是外在事物、人物活动的夸张描绘，也不只是内在心灵、思辨、哲理的追求，而是对有血有肉的人间现实的肯定和感受、憧憬和执着。一种丰满的、具有青春活力的热情和想象渗透在盛唐文艺中。即使是

---

① 李泽厚，刘纲纪．中国美学史［M］．合肥：安徽文艺出版社，1999：18．

② 宗白华．美学散步［M］．上海：上海人民出版社，1981：177．

享乐、颓废、忧郁、悲伤,也仍然闪烁着青春、自由和欢乐。”①书画评论家李嗣真和张怀瓘分别提出了“象人之妙”和“象人风骨”的理论;孙过庭的《书谱》提出了“情性”艺术论;王维艺术思想是打通诗、书、画、乐这些不同的艺术门类,“感而遂通”。唐代后期的张彦远所著《历代名画记》,被誉为中国第一部绘画通史。张彦远认为绘画具有重要的社会教化功能和艺术审美功能,强调绘画艺术的文化品位,尤其看重画家的人格。

北宋文化世俗化,艺术通俗化,“整体的社会风气是以‘乐’为时代主题,包括士大夫阶层的娱乐和尚雅之风,以及市民阶层的世俗娱乐文化追求。”②因此艺术批评受其影响,出现了“趣”和“俗”的评价标准。南宋的艺术批评思想则更重“经世致用”,崇尚艺术的实用。

在公元10世纪到14世纪这段时间里,水墨画进入发展的成熟期,尤其是山水画的创作。“宋元山水境界”,强调一片山水就是一片心灵境界,重视呈现人的心灵境界。元代著名的山水画家倪云林(倪瓒)、吴镇、黄公望和王蒙,被称为“元四家”。他们的绘画崇尚远离世俗、空灵淡远的趣味,在冷淡中表现超然物外的情怀和孤独飘逸的意志。元代晚期周德清在《中原音韵》中提出了“文而不文,俗而不俗”的理论,即把握好书卷气和世俗气之间的度。

明代前中期艺术批评思想主要表现为“师古”,在复古中体会意趣。嘉靖之后,兴起了浪漫主义艺术思潮,主张艺术源于心灵,以“师心”代替“师古”,以真实自然为审美的最高标准。其中,李贽提出了“吟心说”,认为艺术的本质就是个体情感的畅快表达,并将“自然之为美”作为艺术批评的最高原则;徐渭的艺术思想主要是“本色论”,即“相色”为假,“本色”为真,艺术应表现艺术家的真我真性情;汤显祖的艺术思想和此二人如出一辙,也是强调艺术家要有“灵性”的心理品格。

清代艺术批评思想既有对古代文化成果的认同,也有对主体意识的崇

---

① 李泽厚.美的历程[M].天津:天津社会科学院出版社,2001:208.

② 凌继尧.中国艺术批评史[M].上海:上海人民出版社,2011:251.

尚。前者的代表人物主要是王夫之，其在乐论中体现出追求和谐的主张。后者的代表人物有石涛、李渔、郑板桥等。石涛的《画语录》创造出“一画”这个概念，但其内在含义至今众说纷纭，简单来说可以理解为艺术家是要有自我意识，用自我的感受捕捉外界万事万物，强调人的主观能动性。李渔的《闲情偶寄》是其在戏曲方面的代表作，在艺术上强调创新和通俗化。郑板桥强调尊重自我，但同时重视主体和客体，做到了师心和师物的统一。

1840 年之后，中国进入近代。梁启超称之为“过渡时代”，其实它是传统文化遭遇危机与中西文化交流碰撞的时代，也是中国传统艺术走向衰落和发生转变的时代：即中国的艺术由传统艺术向现代艺术转变，从古典形态向现代形态转变，从审美取向到形式美法则进行现代性更新与创造。[①] 王国维和梁启超是这一时代艺术批评家的代表，但是二人有截然不同的艺术追求。王国维第一次引入西方的美学和艺术理论来阐释中国的艺术问题，强调艺术的审美价值和自身的独立价值，本质就是“游戏”；而梁启超则主张利用艺术开启民智，赋予艺术启蒙和改良的内核，提出艺术的本质是“趣味”，艺术的价值在于“真美合一”。

蔡元培提出艺术的普遍性和超脱性，以教育为手段将艺术代替宗教，艺术教育的最高形式是艺术的“公共化”。鲁迅认为，艺术有致用的功能，可以塑造表征民族、美好人格、援救经济；艺术传播者应具备较高的艺术素养和美学修养，才能更好地传播艺术，这和蔡元培艺术公共化的思想一脉相承。

朱光潜认为，艺术是一种生产实践，其艺术批评的核心思想是“审美的把握”，批评家要重视自我的感受，进入作品体会作品独特的意境。批评家不是导师，不是法官，也不是舌人，主张“欣赏的创造的批评”。宗白华将中国艺术的特色归结为有限与无限的统一、充实与空灵的统一。他认为，艺术就是一种人生观，个体生命与无穷宇宙相应相生。李泽厚的《美的历程》被誉为“艺术批评里程碑式的著作”；他认为自然美是人类社会活动客观赋予的，自然由“自在的”日益成为“自我的”，自然美是客观性与社会性的统一。

① 凌继尧.中国艺术批评史[M].上海：上海人民出版社，2011：425.

他的学术探索对20世纪后半期中国美学的发展具有重要影响。

改革开放以来,随着社会主义市场经济的发展,艺术创作和艺术批评也呈现出百花齐放、百家争鸣的局面,进入多元发展时期。基本趋势可以概括为:由政治批评模式向艺术型、审美型批评模式转化;由单一的批评模式向多元批评模式转化;由精英批评向多层次共存的批评模式转化;由概念化、公式化批评向理论化、系统化批评发展;由封闭型批评向开放型批评转化。

二、西方艺术批评概览

中国传统艺术批评多侧重于感性认知和内心体悟,多为个人的审美体验和艺术鉴赏,形成了东方的、民族的特点。而西方的艺术批评是和美学的发展相伴随的,更侧重理论分析,多形成理论体系。

西方的艺术批评起源于古希腊。古希腊文明的高度发展,体现于史诗、神庙、雕塑、绘画等艺术层面,更体现于人们精神世界对哲学的崇尚,而他们的哲学思想也包含对艺术作品的批判。毕达哥拉斯学派的艺术批评观点是"万物皆数",他们将对形式美、几何美的推崇运用到了自然及艺术作品的评价准则上。赫拉克利特主张"美在和谐";苏格拉底认为,有用的就是美的;柏拉图把"理念"作为精神性的实体,"美"就是一种理念,区别于美好的事物,而艺术则是对某种美的事物模仿的模仿;亚里士多德认为,美就是合适的比例。总体来看,形式美是古希腊艺术家们所尊崇的,而哲学家们也相信形式是万物的本源。

中世纪是神学的时代,艺术创作和艺术批评都围绕基督教、上帝展开。圣奥古斯丁认为,形式美就是"整一";托马斯·阿奎那从神学的角度来阐释艺术之美,提出美是可感的理论,认为美就是形式,无关内容、欲望、功利性;但丁继承了他们的艺术批评观点,认为美在于各部分的秩序、和谐。

近代西方社会急剧变化,资本主义经济的发展打破了神学的统治。文艺复兴使得人性高扬,人文主义精神盛行欧洲。达·芬奇是文艺复兴时期的美术三杰,他崇尚自然,重视实践,将艺术与科学有机结合,贡献卓著。笛卡尔是法国新古典主义的代表,他把理性作为文艺创作的最高标准,要求艺术形式的完美。休谟是英国经验主义的集大成者,他认为“审美趣味”就是鉴赏力,强调审美的情感作用,感性体验是一切知识的来源。狄德罗是法国启蒙运动的代表人物,他主张艺术之美在于“情境”,主张“真善美”的紧密结合;德国的温克尔曼在启蒙运动中推崇古希腊艺术,因为他们在创作的时候没有忘记自然,遵循自然是最高的美,而巴洛克艺术、洛可可艺术则是浮夸的、繁琐的、肤浅的、病态的美。康德是德国古典哲学和美学第一人,他强调审美的主观性;黑格尔则是德国古典哲学和美学的集大成者,他认为美是形式,理念是内容,美是理念的感性显现,艺术美高于自然美。

进入20世纪,社会高速发展,艺术批评也风起云涌、突飞猛进,出现了众多批评流派。奥地利的弗洛伊德被称为“精神分析之父”,其用性冲动来解释一切艺术现象。俄国的普列汉诺夫提出脱离生活现实的“绝对艺术”是不存在的,“绝对美”的标准也不存在。美国的苏珊·朗格所著《情感与形式》全面阐释了艺术是人类情感符号的理论,同时认为艺术作品独立自存,与周边世界互不关联。匈牙利的卢卡奇认为,艺术在人性的自由复归中起着重要作用。德国的马尔库塞将艺术视作武器,将变革物化的资本主义的希望寄托在高雅艺术或先锋艺术上。法国的萨特始终坚持艺术创作的真实性原则,批判艺术创作缺乏人文精神的普遍现象。

第四节　媒介批评理论

“媒介批评”作为一个特定的学术用语出现于20世纪初期的西方新闻传播界,并于60年代成为一门学科。20世纪80年代出现于台湾。大陆正式出现这个术语是在1995年吴迪的论文《媒介批评:特性与职责》中,这篇文章对媒介批评的概念作出了界定：顾名思义，就是对大众传播媒介的批评，是对媒介产品以及媒介自身作用的理性思考。[①] 媒介除了传播信息、传承文化、娱乐大众的职能之外，还是监督批评的工具；但媒介自身也要接受来自社会各界的批评。

一、中国媒介批评概览

自1840年鸦片战争开始，中国便被历史的潮流裹挟着面对世界、走向世界；进入20世纪，中国的未来向何处走、如何走成为很多有识之士夙夜忧心的严峻问题；扬弃中国传统文化、吸纳西方现代文明成为一条希望之路。西方及日本的新闻学说传入中国，中国的新闻媒介（主要是报刊）不仅在数量上逐年增长，也在性质、作用、内容、装帧乃至字体设计上受到影响，基本完成了由近代向现代的转变。媒介的新貌必然带动媒介批评的产生，这一时期，梁启超是杰出代表。他认为媒介的宗旨应"定而高"，思想要"新而正"，材料得"富而当"，报事需"速而确"。这四点批评标准"基本概括了作为一个优秀报纸的重要品质，直到今天，它仍在一定范围内作为衡量报纸良莠之标准"。[②]

五四新文化运动时期是中国现代媒介批评的形成发展期。五四新文化运动时期的媒介批评实践作为新文化运动的一部分，本质上是一种反封建的思想武器。[③] 陈独秀倡导言论出版自由，批判封建复古文化报刊；邵力子、郑振铎等对帝国主义文化侵略以及新文化报刊泡沫现象等都进行了批判；对新闻道德的批评主要集中于党派报刊依附权贵、新闻失实和报刊失责以及不良广告等方面；新闻业务批评方面，主要指出记者的报道应客观公正、有时效性，写作应短平快等。由此开始，中国的媒介批评走向自觉。

20世纪20到30年代，媒介批评活动成为常态，郭箴一的《上海报纸改

---

① 吴迪.媒介批评：特性与职责[M].北京广播学院学报.1995(9).

② 张昆.传播观念的历史考察[M].武汉：武汉大学出版社，1997：88.

③ 雷跃捷.媒介批评[M].北京：北京大学出版社，2007：140.

革论》对上海报纸的沿革、现状做了总结,并具体指出了改革的方向。从1937年开始,中华民族进入全面抗战时期。媒介批评成为政治斗争的一部分;毛泽东提出反对"下笔千言、离题万里"以及"党八股"等作风;范长江号召尽快清除长期弥漫在战时新闻界的"流氓主义"和"庸俗主义"两种不良作风。

新中国成立以后,中国的新闻传播事业的发展与之前有着截然的区别,"人民的新闻事业从此跨入一个新时代"。① 新中国成立初期的媒介批评是积极的,《中国共产党中央委员会关于在报纸刊物上展开批评和自我批评的决定》刊登于1950年4月22日的《人民日报》,掀起了全国范围内的报刊批评和自我批评的高潮。但随后的一段时期,经历反"右"斗争扩大化以及"文革"的浩劫,新闻事业遭受严重破坏,在改革开放之后于废墟中缓慢重建。

当下我国媒介批评,中国特色日趋显著,电视批评成为热点,网络批评方兴未艾,专业性批评和非专业性批评相辅相成。尤其是"媒介批评"正式登上历史舞台的近20年来,媒介发展欣欣向荣、日新月异,媒介批评研究也是炙手可热、日臻完善。刘建明的《媒介批评通论》首次以中国现代媒介批评作为研究对象,探讨了媒介批评的特征;王君超的《媒介评价:起源·标准·方法》最早探讨了邹韬奋的媒介批评思想,具有一定的先导意义;陈龙的《媒介批评论》首次提出了我国报学批评传统的观点;雷跃捷的《媒介批评》首次对五四新文化运动时期的媒介批评做了较为全面深入的研究。但是我们也应当看到,中国的媒介批评依然薄弱:一是,理论研究十分薄弱,明显滞后于媒介批评实践的发展;二是,研究内容上存在"窄化"的趋向;三是,缺乏理想的媒介批评环境;四是,媒介批评实践不足。②

二、西方媒介批评概览

19世纪30年代末40年代初,德国正处于资产阶级革命前夜最黑暗的时期。马克思、恩格斯在批评封建专制主义的斗争中,提出反对普鲁士封建

① 方汉奇.中国新闻事业通史:第1卷[M].北京:中国人民大学出版社,1992:1224.

② 王君超.媒介评价:起源·标准·方法[M].北京:北京广播学院出版社,2001:308.

统治对报刊的专制，批评几家报刊贬低共产主义运动、效忠统治者的嘴脸。随后，在思想上转变为信仰共产主义的二人，开始创办无产阶级工人报刊，将报刊当作表达人民精神、消除民族宗教偏见、捍卫共产主义真理的武器。他们的媒介批评思想在批判资产阶级报刊中不断丰富和发展，指出资产阶级出版业是为了自己的私利，内容缺乏骨气和品德，用耸人听闻的写作方式招徕读者，违背了新闻的客观真实性。马恩还非常注重新闻工作者的素质，认为记者应该有政治头脑、思想明快；对卖身求荣、狂妄傲慢的记者给予了批判。在论述创立党报党刊的问题时，他们指出党报党刊是党的重要的理论思想武器，应捍卫无产阶级的利益、坚守无产阶级的民主阵地，要具有监督意识。马恩将新闻自由作为公民与报刊的法定权利并以此来判定社会的进步程度，他们的媒介批评理论也于此得到了升华。

19 世纪末的俄国工农运动高涨，但没有建立起统一的无产阶级政党。列宁认识到了建立政党的重要性，他把先办一份全国性的政治报纸作为建立政党的必备前提条件；同时提出报纸必须以马克思主义为准绳，保证观点的正确性。1905 年民主革命之后，列宁更加认识到党性原则对党报的重要性，同时强调新闻的及时性，对媒介的批评也始终遵循客观公正的原则。十月革命胜利之后，列宁在媒介批评活动中，要求报刊内容的真实性，提出出版自由的阶级性，主张贴近生活、贴近群众的新闻报道。

自 19 世纪以来，以美国为代表的西方新闻事业快速发展。美国建国初期，正是处于社会转折的时期，由于对联邦宪法、外交政策等问题的不同看法，联邦派和反联邦派通过各自的党派报纸进行论战，被称为“新闻事业的黑暗时代”。20 世纪初，美国出现了以记者、作家为主力军的“耙粪运动”，揭露社会黑暗、促进社会改革。这一时期，媒介批评客观真实，主要针对的是报界腐败问题。到 20 世纪 30 年代，报刊竞争加剧，“报阀”出现，这一时期的媒介批评主要集中于对报业垄断、黄色新闻等不良现象的批判。40 年代哈钦斯委员会的成立，标志着美国媒介批评专业化的开始，专业批评刊物和专业媒介批评人开始出现。美国新闻事业发展的历程引起了欧洲新闻传媒业的关注，欧美由此开始寻求“自律”；二战之后，新闻评议会在欧美出现，这是民间自发性质的新闻行业伦理组织，评价媒介表现，受理新闻伦理案件。进入当代，美国媒介批评繁荣发展，主要是批评媒体的兼并与垄断、政府对媒体的控制、有关党派报道的偏颇以及新闻审查制度等。

20 世纪 30 到 40 年代开始，西方的媒介批评出现了众多的流派。大众文化批评流派首现于阿多诺出版于 1947 年的《启蒙辩证法》，他经历了美国大众文化的兴起，认为大众文化的“标准化”欺骗消费者并使他们失去了判断力。其后的费斯克与之观点截然相反，认为大众文化是大众创造的，大众是能动性地追求快感。英国文化研究学派吸收马克思主义、精神分析学说、女权主义、结构主义等学说，批评英国大众传媒产品内容低劣，在大众文化批评流派中独树一帜。大众文化批评流派批评了媒介娱乐化、低俗化的趋势，但没有看到这是媒介市场化之后的必然结果。

政治经济学批评流派强调政治及经济力量对媒介的支配，揭露其自由、公正的虚伪。英国的克林格德和莱格所著《幕后的金钱》是第一本关于传媒政治经济学的著作。加拿大的达拉斯·斯密塞提出了“受众商品论”，论证了媒体获得利润的秘密。美国的赫伯特·席勒指出信息传播系统对资本活动的意义，批评了信息技术中立的神话。美国的诺姆·乔姆斯基抨击媒体控制民众的思想，是政府的帮凶。英国的默多克和戈尔丁揭露了媒体为公众服务的神话，指出其目的在于盈利。政治经济学批评流派反对政府或资本力量对媒介的控制，但是有时过于僵化，没有注意到经济和市场的发展规律。

意识形态批判流派揭露西方媒介控制意识形态、愚弄大众；所谓的新闻客观都是意识形态下的客观，也就是说新闻都带有阶级偏见。法兰克福学派的马尔库塞对此做了深入研究，他认为媒介具有奴役性，使得大众失去理性批判精神。法国的阿尔都塞指出不在媒介中使用文化霸权就不能长时间掌握国家权力。意识形态批判流派意识到了媒介意识形态的生产，却没有意识到这也是社会发展的客观需要。

传媒技术批评流派认为，新技术的出现影响了媒介，也影响了人类的生活。加拿大的麦克卢汉是代表人物，他对报刊、广播、电视均有所批评，并指出媒介能够影响人们的政治态度，从而影响社会进程。随着计算机、手机的普及应用，许多批评家也对此表达了忧虑，认为这些新技术影响了人类的心理健康和生理健康，使人不得不被裹挟着面对本不愿面对的境况。传媒技术批评流派对技术的认识有些片面化、简单化，没有认识到新技术的进步对人类社会发展的正面意义。

女性主义批评流派认为女性受到压制，没有享受到与男性同等的权利，媒介中女性形象受到贬损、思想受到贬低。法国的波伏娃是有代表性的批评家，她认为媒介中大多以男性为主导，女性的形象多被边缘化、类型化，比如多出现生育机器、圣母或荡妇、被消费的美女等形象。美国的塔奇曼指出媒介强化了男权观念，使得女性沦为附属品并遭受歧视。

第五节　电视批评理论

电视是一门综合的艺术。其内容既有音乐、舞蹈、晚会、电视剧、电影、散文等原本独立的文学艺术形式在电视中的展现，也有电视新闻的报道。因此，电视既有传承文化、娱乐大众的功能，也有传播信息、对全社会进行监督批评的功能。由此，对电视批评的界定便出现了不同的学术意见，有的将电视批评纳入文学艺术批评的框架，作为文艺批评中的新兴学科；有的则倾向于将其作为媒介批评的一个分支。另外，电视作为大众传播媒介，在大众文化批评中也有其身影。但不管如何界定，随着社会、科技、文化、媒介等的快速发展，电视批评研究都业已成为一个方兴未艾的新领域。所谓电视批评，就是“以对电视节目的赏析为基础，以相关理论为背景，以各种具体的电视节目、电视现象、电视理念、电视创作者等为对象的旨在进行价值判断的一种研究活动”。[1]

① 欧阳宏生.电视批评学[M].成都：四川大学出版社，2006：4.

一、中国电视批评概览

1958 年 5 月 1 日,中国第一座电视台北京电视台开始试播,标志着中国电视的诞生。早期电视节目以播放故事影片、戏剧戏曲、新闻片、纪录片、科教片等为主,管理高度集中,可以说是政治功能为主,具有鲜明的时代特色。尤其是“文革”十年,中国的电视事业遭到巨大破坏。电视新闻批评和电视文艺批评都处于起步阶段,理论性不强,甚至不能算是严格意义上的批评,但是为电视批评之后的发展打下了一定的基础。

党的十一届三中全会之后到 20 世纪 80 年代中期,电视批评随着电视事业的发展而进入正轨。专业院校、专业报刊、学术会议等为电视批评提供了队伍和空间,电视文艺创作生机盎然,电视批评也随之兴起。电视剧的创作数量逐年增加,“飞天奖”“金鹰奖”的设立对将实践经验上升为理论体系具有积极的意义,对以中央电视台春节联欢晚会为代表的文艺晚会的研究,提出了欣赏性、感染性等要求。这一时期对新闻节目的批评,主要体现在对时效性、贴近性的要求;电视专题节目则从形象化政论向文化性、教育性、知识性影响转变。[①] 1979 年上海电视台播出了中国第一条商业广告,对中国的广告事业和电视事业都具有重要的意义。对广告的批评方向主要是创意要有吸引力、语言要规范化以及审美问题等。总体来说,这一时期的电视批评由“观后感”向理论研究迈进,重视批评对实践的指导,推动着电视批评向前发展。

从 20 世纪 80 年代中期开始,电视机不再是需要在公共场合买票观看的“奢侈享受”,而是作为“三大件”进入普通百姓家庭。技术的提高、覆盖面的扩大、节目内容的丰富,使得电视成为名副其实的大众传播媒介。无论是对电视剧、电视新闻节目、电视专题节目、电视广告,还是新出现的电视文学节目等,美学的视角贯穿始终。电视批评在接收其他学科成果的同时强调自

① 欧阳宏生.中国电视批评史[M].北京:北京大学出版社,2010:98.

身的审美性等风格特征，为电视学的独立做出了贡献。

邓小平南方谈话之后，中国的改革开放和现代化进程进入一个全新的阶段。电视事业的蓬勃发展、电视实践的不断丰富对电视理论、电视批评提出了新的要求。因此，电视批评走向成熟，批评体系逐渐完善；同时，西方的众多批评理论进入中国，并为中国的批评家们所用，如文化霸权、女性主义、后殖民主义等，给中国的电视批评注入了新鲜的血液，带来了全新的活力。对电视剧通俗化、娱乐化的批评，对电视文艺节目民族性、审美性的探讨，对电视新闻语态平民化的要求，对电视专题节目的分类，对电视纪录片平民视角的转向等，都是这一时期电视批评的重要表现。

进入21世纪，电视产业化进程加速，西方批评理论进一步传播，电视批评进入多元发展时期；同时，从互联网到数字广播电视网再到移动互联网，广播、电视、报刊等传统媒体也面临着巨大的挑战。电视剧批评方面，对家庭剧"激烈化"、军事剧"奇异化"、农村剧"虚假化"、历史剧"虚构化"等现象进行了批判。电视新闻节目、电视社教节目、电视文艺节目的全面娱乐化也引起了广泛关注，新闻的真实性、客观性、时效性被格调媚俗、内容琐屑等取代；社教节目本该"寓教于乐"，却成为"寓教于故事"；选秀节目遍地开花，内容低俗、恶意炒作之风泛滥。总体来看，电视批评在新世纪对电视事业实践中的不良倾向给予了关注和批评，电视批评的视域也在不断扩展。

中国香港、澳门和台湾地区由于历史的原因与内地(大陆)的发展轨迹不同，"就电视文化而言，港澳台因历史际遇的相似而在文化语境上呈现一定的趋同性，形成三地在文化体制和文化风貌上一定程度的相似性，呈现出灵活多元的文化风貌，具有比较明显的开放兼容性"。① 由于香港社会高度商业化，导致电视等媒体商业性特征显著，电视批评这样的学术性诉求无力伸张，长期处于失语状态；香港回归之后，虽然电视批评开始指出香港电视媒体纵容暴力、低俗等不良现象，但影响不大。澳门的电视业发展相对滞后，也限制了其电视批评的发展。台湾的电视批评近几十年来分别集中于

① 欧阳宏生.中国电视批评史[M].北京:北京大学出版社,2010:461.

媒体言论自由、过度商业化、媒体从业者素质以及电视节目低俗化等方面，逐渐开始走向理性和独立。

二、西方电视批评概览

20世纪中叶以后，随着广播电视的崛起，媒介批评的中心发生转移，对报纸批评的声音逐渐淡化，而对广播电视尤其是电视的批评研究逐渐占据媒介批评的中心地位。[①] 20世纪40年代的美国，“使用与满足”成为研究电视的主要方向，文学批评和文化批评也在其中扮演了重要角色。50年代文学批评中将电视视为带来文学堕落的负面力量。英国文化研究学派在70年代将电视作为主要的研究对象，收获了丰富的成果。80年代的电视批评则不再用理论套电视，而是走上了一条理性、平实的研究道路。西方电视批评理论资源丰富、学派纷呈，在借鉴、吸收媒介、文学、文化等学科理论、方法的同时走向成熟和独立。

电视的符号学批评的代表人物是法国的鲍德里亚，他的主要批评观点是：电视通过声音、图像和文字呈现出仿真的现实，人们却将其当作真实的现实沉迷其中；电视对新鲜信息的追逐使得人们来不及停下来专注思考某一个点；电视提供已经形成思想的文化快餐，导致主体的沦丧。符号学批评关注主体即观众对电视符号的解读，有其有价值的一面；但这一理论忽视了文本背景、意识形态及媒介机构等因素对文本的影响，是其局限性。

意识形态分析是媒介批评理论中最有影响力的理论之一。电视的意识形态批评侧重通过文本的研究，揭示其在特定历史语境中的作用，比如有意识地将统治者的价值观美化为普罗大众的利益加以呈现，或者在电视报道中成为统治者价值观的践行者。电视节目具有复杂性，除了显性的内容还有隐性的含义，观众的构成以及接收电视的环境也具有多样性。因此，对电视进行意识形态的批评要考虑多视角、多层次理论的综合运用。

---

① 汪振城.当代西方电视批评理论[M].北京：中国广播电视出版社，2007：21.

法兰克福学派将电视等媒介看成工业社会中的大众文化，他们指出：电视文化比以前的文化更具有意识形态性，不用镇压就能影响观众的意识，从而巩固资本主义的统治；电视文化为观众提供虚假的安慰与满足，将他们“大众化”；电视文化追逐利益的本质导致其商品化和复制化。他们的电视批评不仅使人们认识到工业化进程中所产生的复杂文化现象，更以其人文情怀对电视批评的发展产生积极的影响；但是其对大众文化、电视文化彻底的悲观绝望也影响了后来的媒介研究。

电视的叙事学批评主要关注媒介的结构组织；精神分析批评理论指出电视模糊了幻想和真实的界限，使观众产生消费的欲望；电视受众反映批评立足于读者反应理论，强调观众对电视产品的作用；女性主义电视批评在女性主义文学批评和电影批评的基础上发展而来，主要批评对象是女性歧视和女性亚文化现象；电视机构批评指出大众传媒不是绝对公共的，国家、市场、个人等各方力量都会牵涉其中、相互角力；电视技术批评不只是画面、音效等电视相关技术的评价、批判，而是越来越倾向于技术带来的政治、伦理等方面社会问题的研究。

02

第二章 播音主持批评本体论

对播音主持批评学进行体系建构首先应当明确什么是学理视域的“批评”以及“批评”的具体层级。在此基础上进入“播音主持批评”的本体范畴，厘清播音主持批评的内在含义、本质属性、外在特征等事项，为播音主持批评学的研究奠定基础。

第一节　批评

研究播音主持批评，首先应当清楚“批评”这个词的含义，并明确学理视域中的批评历史源流如何、使用语境为何。

一、批评的源流

在日常生活中，如“老师批评学生”“家长批评子女”等语境下，“批评”是指出他人缺点和错误的意思，和学理语境下的“批评”不可混同。从学理的角度来看，“批评”大约和评价、判断、评论、批判等意思相近。《辞海·合订本》对“批评”做了如下解释：对于事物加以剖解，并评定其是非优劣也。就其所取之态度方法，可分印象批评、鉴赏批评、比较批评、解释批评等。①《现代汉语词典》是这样定义的：①指出优点和缺点；评论好坏。②专指对缺点和错误提出意见。②《汉语大词典》的“批评”词条有两个义项：①评论；评判。对事物加以分析比较，判定是非优劣。②对书籍文章加以批点评注。③

东汉许慎所撰《说文解字》对“批”“评”二字均无收录，但此二字都有一定的历史。“批”字的历史较长，《庄子·养生主》中便有“依乎天理，批大郤，导大窾，因其固然”的语句；西汉扬雄的《扬子法言·吾子卷》中“狴犴（批扞）使人多礼乎”也有此字，李轨的注中提到“批”即“搥”，只是“经传多

① 舒新城.辞海：合订本[M].香港：中华书局，1948：561.

② 中国社会科学院语言研究所词典编辑室.现代汉语词典[M].7版.北京：商务印书馆，2016：990.

③ 汉语大词典编辑委员会.汉语大词典：第六卷[M].上海：汉语大词典出版社，1990：367.

省作‘批’”。这两处的“批”字均意为击或击虚。在《说文解字》中,“批”的形态为“攙”:“反手擊(击)也。从手毘聲(声)。匹齊(齐)切。”[①]《康熙字典》对此字作注解说:“……《博雅》轉(转)也。或作批。通作摠。互詳(详)批字註(注)。俗作攙,非。攙字中毘原从⺈作。”到了明末清初,闵齐伋所撰《六书通》中,已经只有“批”字而无原字了。可以看出,“批”字虽是俗写,但是经历千百年的使用而留存下来,而现在的词义正是对原义的引申得来的。“评”字原作“評”,不仅《说文解字》未收录此字,明末清初的文字学著作《六书通》中也不曾收录。但“评”字确有一定的历史。最初此字的含义是粮库官吏对农民所缴纳的公粮进行称重和目测后报出重量数字和质量等级等让文书记录,后来引申为说出判断、发表意见。早在战国商鞅等著《商君书·赏刑》中,便有“不可以富贵,不可以评刑”之说。三国魏时张揖所撰训诂学著作《广雅》中说:“评,议也。”唐代《南史·钟嵘传》中写道:“嵘品古今诗为评,言其优劣。”《大宋重修广韵》中则这样解释:“评,评量。”这些“评”的含义均可理解为评价、评判。

刘勰在《文心雕龙·论说》中这样解释“评”:“评者,平理。”也就是评价、说出意见。而对“论”定义是“论者,伦也”,即阐发道理的意思。“评论”成为一个词,大约是在南北朝时期。南朝宋范晔《后汉书·党锢传·范滂》中写道:“君为人臣,不惟忠国,而共造部党,自相褒举,评论朝廷。”且范晔在其著作、书信中多次运用“评论”一词。北齐颜之推《颜氏家训》中有这样的论述:“学为文章,先谋亲友,得其评论,然后出手。”无论是作动词还是名词,此时的“评论”已基本接近现在的意义。“批评”一词则出现得相对较晚,最早约在明代出现,清代使用开始广泛。晚明李贽在《寄答留都书》中写道:“前与杨太史书亦有批评,倘一一寄去,乃足见兄与彼相处之厚也。”清代李渔《慎鸾交·心归》则写:“你辨美恶,目光如镜,谁高下,早赐批评。”孔尚任的《桃花扇·逮社》也用到了“批评”一词:“俺小店乃坊间首领,只得聘请几家名手,另选新篇。今日正在里边删改批评,待俺早些贴起封面来。”“批评”

① 许慎.说文解字[M].南京:江苏古籍出版社,2001:255.

的含义也与今大致相同。

从西方来看，“批评”一词起源于希腊语 kritēs，英语是 criticism，法语是 critique，德语是 kritik，均含有辩论、裁定、分析、判断、评论的意思。

为何使用“批评”而不是其他相关的词语，学界一直有所争议。1981 年 5 月 24 日的《光明日报》所刊发的评论员文章《开展文艺评论，繁荣艺术创作》中，提出“文艺批评也就是文艺评论”。现在对此问题基本形成了这样的共识：“评论”多为日常语境中使用，而学理性语境中的“评论”一般被称为“批评”。在批评的层级中将具体探讨这个问题。

二、批评的层级

当“批评”被认知为学理视域的概念之后，也使之与普通大众产生了无形的距离。提到批评，会使人联想到专业、学术、厚重、艰深等一系列词语，并认为那是僻字涩句、玄而又玄的东西。诚然，学理性的批评有其专业性的一面，有些确实难以冬日夏云、平易近人；但是也有一部分批评其实并没有那么迢迢路远、高不可攀。千里始足下，高山起微尘。批评也有由浅入深、从零碎到系统、从感性到理性的循序渐进之路。

（一）业余评论

无论是阅读文学作品，还是欣赏艺术作品，抑或收听收看广播电视节目，当阅听过程结束之后，阅听人会思考，会回味，也会说：这个故事真有趣！这幅画色调太晦暗了！这个主持人口齿够流利！其实这些已经包含了批评的基本内容——评价。这正是批评的最初形态，它存在于街坊邻里对家长里短的寒暄中，存在于熟人对新闻焦点的聊天中，存在于同学对名人明星的争论中，存在于同事对热播节目的讨论中。对不对，好不好，行不行，能不能，正是对于某个事件、某个对象、某个现象、某个行为等最基本的判断。这些闲言碎语、只言片语，直白、浅显、零散、细碎，表达了简单、朴素的爱憎，所说的就是“是什么”的问题。

（二）艺术鉴赏

如果能够对一些想法进行梳理、提炼，整合成较为系统的文字，并能够有理有据地证明自己的观点，从而肯定或者否定一部作品、一个人，那么这便可以看作批评的第二个阶段——鉴赏了。鉴赏是阅听人对文学艺术形象等进行感受、理解和评判的思维活动和过程。一般从具体感受出发，融合自身的思想感情、生活经验、艺术观点、兴趣取向等，通过感受、联想、体验、分析和判断，实现由感性到理性的认识飞跃。因此，在对对象进行艺术鉴赏的过程中，不再仅有简单的爱憎判断，而要阐释优劣的原因，所说的便是“为什么”的问题。

（三）学理批评

学理性的批评基于艺术鉴赏之上，是将鉴赏和具体深刻的学科理论、学科历史结合的产物。学理批评超越了前两者，站上了全新的高度，拥有了全新的视野。以中国古代文学批评为例，先秦时代文史哲不分、诗乐舞一体，文学批评尚处于萌芽状态，批评者（尚不能被称为批评家）多为诗人，在写诗之余思考诗歌的价值取向、社会功能等，只言片语散落于各著述中，正是这些成为后代文学批评的滥觞；两汉的文学批评开始走向成熟，直到魏晋时期的刘勰以《文心雕龙》宣告中国文学职业批评家登上了历史舞台。学理批评有哲学的高度、历史的深度、理论的强度、视野的广度，系统、深刻、理性、高屋建瓴、剔肤见骨。此时的批评不再是简单的评头论足、直观的感受体验，不仅仅满足于“是什么”和“为什么”，还要在此基础上给予实践的指导、理论的引领，所说的正是“怎么做”的问题。

第二节　播音主持批评

播音主持批评的内涵是丰富的，从作品、对象等不同视角出发，播音主持批评具有不同的内涵，有狭义与广义之分。就特点而言，播音主持批评既有自为性、前沿性、应用性等各学科批评学的共性，也有音声性、文化性、交融性等独有的特性。

一、播音主持批评的内涵

播音主持处于广播电视互联网新媒体等媒介传播前沿，是播音员主持人在话筒前/镜头前运用有声语言及无声非语言所进行的信息传播活动，是党、政府、人民的喉舌。[①] 但"播音主持批评"不只是对播音主持活动的批评，还是对和"播音主持"相关的一切人（播音员主持人）、活动（播报新闻、主持节目）、作品（节目、有声语言作品）、理论（播音主持艺术学相关理论）、现象（播音主持领域出现的新现象）、思潮（播音主持艺术学相关学术思潮）等事项的解释、分析、判断和评价。播音主持批评研究立足于播音主持有声语言作品，人、活动、理论、现象、思潮等事项均可在作品中呈现，由此可到达以点带面、以一驭万之效。

从文学批评、艺术批评到后来的媒介批评、电视批评，批评的对象几乎都是从作品开始的。因此，对作品的批评一般被认为是狭义的批评，而把与作品相关的事项都作为批评对象则是广义的批评。由此，播音主持批评所取的也是广义的批评含义。这是以共时的、横向的眼光来看播音主持批评的取向，同时也是站在"对象"的立场上的取舍；如果以历时的、纵向的角度考察，站在"主体"的立场来看，播音主持批评还可以分为普通阅听人的批评和专业阅听人的批评。

① 王秋硕.播音主持艺术[M].杭州：浙江摄影出版社，2021：3.

由上文对批评的分类可见,业余评论的主体可以说是普通阅听人,鉴赏的主体可定义为具备了一定理论素养的普通阅听人,而学理批评的主体则是专业阅听人。于播音主持批评也是同理,这些批评形态都是需要的,但后者构成了播音主持批评的真正历史;换言之,播音主持批评主要指的是专业的学理批评。

无论是专业的批评还是非专业的批评,在对播音主持及其相关事项的评价过程中,总会带有主体的痕迹,意识形态、文化积淀、价值取向、语言风格等都会在批评中或隐或现,而这些无一不会对批评的结果和效果产生影响。而播音主持艺术学又是一门新兴交叉学科,和多学科有着千丝万缕的关系,如何在向姊妹专业、兄弟学科取长补短、扬长避短的过程中发现播音主持批评自身的规律、特点、属性等,是播音主持批评研究不可回避的课题。

可以这样理解播音主持批评:播音主持批评是以哲学、美学、文学、语言学、文化学、历史学、新闻学、传播学、艺术学、社会学等单纯性或综合性的视角对播音主持作品及其相关事项进行理论观照的解释、分析、判断、评价等理性建构活动。

值得注意的是,学理语境下的"播音主持批评"不同于普通的批评,不是简单地指出缺点和错误,不能将其理解为批评某个播音员主持人、批评某个节目。诚然,在进行播音主持批评活动的过程中,会对一些不合规律、不合时宜的现象提出"批评",但是这仅是播音主持批评的一部分职能,并非全部。

二、播音主持批评的特性

对播音主持批评特性的研究,有利于我们深入理解播音主持批评,有利于凸显播音主持批评的独特性,有利于揭示播音主持批评的本质。播音主持批评既有一般批评学的共性,也有自己的特性。共性体现于自为性、前沿性、应用性,特性体现于音声性、文化性、交融性。

（一）自为性

播音主持批评的自足自为，首先体现在播音主持批评研究是一个具有逻辑性、学理性的完整的理论体系，包含了播音主持批评本体论、主客体论、功能论、方法论、标准论乃至发展论等一系列问题，是系统的、整体的、开放的、发展的，而不是零碎的、局部的、封闭的、静止的。

播音主持批评的自足自为，其次体现在和中国播音主持史、播音主持艺术学基础理论的关系上。任何一个学科都基本可以分为三大系统——史、论、批评，如艺术学可分为艺术史、艺术理论、艺术批评，文学可分为文学史、文学理论、文学批评等。播音主持艺术学也不例外。就播音主持艺术学学科来说，"史"指的是播音主持艺术学的学科发展史，其中包含了播音（实践）史、学术史等多个领域，接下来还可再细分；"论"主要指播音主持艺术学的理论，《中国播音学》是集大成之作，大概分为语音发声、创作基础、文体业务等三大块；而批评则是播音主持批评研究（学）。批评话语和史论话语、理论话语联系密切。播音主持批评的视域是宽阔的，不仅着眼于当下，更将整个播音主持艺术学的历史置于视域之内，并进行系统的理论阐释和评价。理论指导实践，批评的对象正体现着创作基础理论指导下的最终呈现。播音主持艺术学基础理论和批评理论有本质的区别，基础理论面对的是创作的过程，而批评理论面对的则是创作的结果；播音主持批评的对象是作品（及其相关事项），基础理论呈现于作品之中，批评则是在更高层面上进行理论的分析、判断；也可以这么理解，基础理论更具普遍性，面面皆到，批评理论更具针对性，对症下药。播音主持批评既不依附于历史话语，也不依赖于基础理论，自足自为；但是批评也需要向历史和基础理论汲取营养，不断拓展理论视域，提高学术品格，让播音主持批评能够在更为深广的土壤中成长。

（二）前沿性

播音主持艺术学是一门新兴学科，严格意义上的学科发展不到六十年，相对于文学、艺术学等具有几千年悠久传统和历史的学科不可谓不年轻。

批评活动（虽然一直没有提出“批评”的概念）伴随着播音主持艺术学的发展也不过几十年的时间。学科无论新旧，理论无论新旧，批评的话语永远是最新鲜的。播音主持艺术学是一门新兴交叉学科，融汇着各个学科的精华和最新成果；播音主持又是以广播电视为代表的媒介的“前沿”，播音员主持人成为传播环节最终出头露面的人，和阅听人近距离接触。这些都使得播音主持批评更加具有前沿性的特征。播音主持批评话语最为鲜活、最为灵动，既不老生常谈，也不无的放矢。其站在时代的最前沿，包容着美学、哲学的高度，文学、艺术学的深度，社会学、历史学的广度，新闻学、传播学的维度，蕴含着最为丰富的意识形态、价值取向、文化传统、历史风貌，具有自己一以贯之的前沿意识和独立完备的理论创造。

（三）应用性

不同于语音发声学研究有声语言的科学规范、播音（朗读）美学探究有声语言的审美取向、创作基础探讨有声语言普遍的创作规律，播音主持批评面向实践，重在应用。播音主持作品的最终呈现是实践和基础理论的结合，播音主持批评理论则对此进行全面衡量与评价，不仅对实践具有指导之功，对基础理论也有完善之效。不仅如此，播音主持批评还需要全面阐释批评的属性、功能，深入探究批评的标准、方法，指出批评历史中的经验、教训，确保批评观念的科学、公正。这些都是播音主持批评应用性特征的体现，而播音主持批评理论则是应用性的理论，有别于播音主持艺术学中的基础理论。

（四）音声性

播音主持是语言的艺术。在以广播电视为代表的媒介中，有声语言担负着不可取代的重要作用。无论是广播还是电视，网络还是新媒体，都是通过有声语言传递信息、表情达意。播音员主持人的有声语言是构成作品的主体，没有有声语言，一切都无从谈起。播音主持的有声语言传播，区别于平面媒体的文字传播，区别于具体艺术形式的符号传播；而播音主持有声语言的“喉舌”属性更是区别于其他语言艺术形式的根本所在。播音主持批评的对象是播音主持作品及其相关事项，其中最重要的便是有声语言，其承担着主干或主线的重任。播音主持批评最终以有声语言为出发点和归宿点，来阐释、评判播音主持一切相关事项。同时，批评对有声语言更有促进、提升的重要作用。

（五）文化性

播音主持批评的文化取向是不可忽视的重要特性。在众多学科的批评理论中，文化并非不可或缺。有的批评重审美，有的批评重实用，有的批评重政治经济，有的批评重意识形态。但文化性是播音主持批评的首要价值取向，在音声性探讨的基础上，对播音主持批评文化特性的理解和阐释，应当被接受和认同。播音主持批评的文化阐释倾向于从文化的角度把握有声语言传播的丰富性、深刻性。有声语言是人文精神的音声化，有声语言传播应当"以事醒人、以理服人、以情感人、以美愉人"①，有声语言负载着文化的承接与延续，蕴含着民族的精神与气质，展现着时代的风采与节奏，引领着国家的文明与进步。② 弘扬民族优秀文化、汲取域外文明精华、坚持先进文化导向，尊重和强调有声语言的文化身份，是播音主持批评必须坚持的路径。需要强调的是，脱离了有声语言的播音主持批评是难以为继的，而脱离了"文化性"的探讨，"音声性"又将变得干瘪、空虚，二者应当结合起来，将播音主持批评推向更高的境界。

（六）交融性

这里所说的交融性，特指在播音主持批评中感性和理性相互交融、共同作用的特性。在科学研究活动中，"理性"始终是被普遍使用的一种方式，播音主持批评同样需要理性。在面对批评客体时，应当站在客观、公正的立场，全面认知、评价客体，不能有丝毫的主观情绪、固有成见参与其中。同时，在认知、评价的过程中，批评主体会大量运用概念、判断、逻辑方法、比较

---

① 张颂.播音主持艺术论[M].北京：中国传媒大学出版社，2009：97.

② 张颂.播音主持艺术论[M].北京：中国传媒大学出版社，2009：240.

方法等理性方式来分析客体,并在此基础上做出最终评价。“艺术性”是播音主持的重要属性,主体在批评之前必须要对客体进行阅听感受,需要主体大量的体验、感情的介入,非如此便不能真切地感受有声语言作品,便不能恰如其分地对其做出客观、公正的评价。甚至在某些情况下,批评结果的最终呈现并不是艰涩的文字,而是诗化的、美化的文本,这同样也能触动读者心灵,达到播音主持批评的目的。可以这么说,播音主持批评以感性的形象思维开始,以理性的逻辑思维结束,二者共同完成播音主持批评的全过程。

共性和特性构成了播音主持批评的本质特点:其自足自为,立足前沿,重在应用,着眼音声性,取向文化性,实现理性与灵性的圆融统一。

03

第三章 播音主持批评发展论

播音主持艺术学六十年来筚路蓝缕、平地楼台，从隶属中文、广播电视艺术学、语言学及应用语言学、广播电视语言传播等专业，到成为艺术门类下“戏剧与影视”的二级学科“播音主持艺术学”，中国播音学可谓累足成步、“修成正果”，最终证明了学科的独立性。六十年的理论成果不可谓不丰硕，新世纪、新形势下专业的发展更是百尺竿头。而在学科基本成形之前，自人民广播诞生起，便有了关于播音的理论研究。虽然多是个人感悟的只言片语，但其中的不少思想如今看来仍闪烁着熠熠光辉。正所谓“非新无以为进，非旧无以为守”，没有创新的东西，就不能算作是在进步，没有旧事物的保留，就无法坚守优秀的传统。也只有立足当下，理性地回望过去，才能更好地展望未来。且守且进才是应有的追求。

第一节 播音主持理论发展历史分期

张颂在《播音语言通论:危机与对策》一书中,用一小节的篇幅论述了我国广播电视播音理论的分期。① 作者将其分为三个时期:一是,萌芽时期,从1940年到1962年,以学习苏联经验为主,播音理论初见端倪,以黄皮书《苏联播音经验汇编》、蓝皮书《全国播音经验汇集》、白皮书《播音业务》论文集为标志。二是,草创期,从1962年到1981年,播音理论体系已经开始建立一定的格局和必要的观点间架,齐越的文章和讲话,特别是1963年在上海电台播音组座谈会上的发言,成为播音理论的奠基之作。三是,形成期,从1981年至今,北京广播学院播音系成立,必要的教材相继出版,出现了许多重要的理论建树和学术研究成果,为中国播音学的建立与发展提供了宝贵的财富。

张颂的《中国播音学发展简史》一文对中国播音学发展历史进行了简单梳理,对其之前的理论分期进行了一些修正和补充,认为中国播音学的发展经过了以下四个时期:萌芽期(1923—1961),草创期(1962—1981),形成期(1982—1994),发展期:(1995—现在)。文章认为,中国播音学研究的主要方向及其内容包括:播音主持艺术基础理论,语言传播发声学和广播电视播音主持语体研究等。文章还列举了一些中国播音学研究的主要论著。②

毫无疑问,张颂有关中国播音学理论发展史的论证立足于播音创作与研究的本体,具有直接性、系统性和权威性,对中国播音主持批评的历史分

① 张颂.播音语言通论:危机与对策:第4版[M].北京:北京广播学院出版社,2022:23.
② 张颂.中国播音学发展简史[J].媒介研究.2007(2).

期极具指导作用和规范意义。除此之外，有关我国广播电视发展史的相关研究与中国播音学的历史分期具有关联性和互文性，对播音主持理论及批评史的阶段划分亦具有一定的参考价值。

吴为章在《广播语言评述——为纪念人民广播事业诞生50周年而作》一文中认为，广播语言研究分为萌芽时期（1940年到1949年）、探索时期（1950年到1966年）、停滞时期（1966年到1976年）、复苏时期（1977年到1979年）以及发展时期（1980年至今），该文对广播电视语言研究进行了较为详细的梳理，并对各个时期的发展进行了论述。①

张君昌的《简论中国广播电视90年发展轨迹：萌芽与起步阶段》则将中国广播电视学术研究分为了萌芽（1920年—1949年）、起步（1949年—1978年）、形成（1978年—1999年）和发展（1999年至今）四个历史阶段，同时分析了数篇具有代表性的文章，比如赵元任《广播须知》（1937）从语言活动生理学角度探讨了播音方式，比如茅盾《对于时事播音的一点意见》（1937）提出要把硬性的新闻变成生动的故事，比如左荧《从"编播合一"谈到播音应当专业化》（1951）认为好的播音应是亲切而有诱惑力的，同时作者认为这篇文章是新中国最早研究播音的理论性文章。②

第二节　播音主持批评理论发展概览

立足前辈先贤的研究成果，综合考察播音主持艺术的发展轨迹，可以认为，播音主持批评的发展大致可以分为萌芽期（1940年到1949年）、起步期（1949年到1966年）、停滞期（1966年到1976年）、恢复期（1976年到1994

① 吴为章.广播电视话语研究选集[M].北京：北京广播学院出版社，1997：72-112.
② 张君昌.简论中国广播电视90年发展轨迹[J].北方传媒研究.2010(3).

年)以及发展期(1994 年至今)等五个主要阶段;同时,播音主持批评理论也伴随着播音主持理论的发展而呈现出由只言片语评论到系统理论评价的必然趋势。

一、萌芽期: 1940 年到 1949 年

理论来源于实践,既是对实践的总结,又反过来指导实践。早期播音主持批评理论出现的形态便是三言两语的评价,虽不是长篇大论,虽没有精密逻辑,而正是这样的评价给予播音实践和播音理论以指引和导向,在战火纷飞、形势复杂的斗争年代为播音指明了方向,也为军民齐心抗战、夺取胜利提供了精神力量和思想保证。

1940 年 12 月 30 日,随着人民广播第一位播音员麦风(徐瑞璋)发出的第一声呼号:"延安新华广播电台,XNCR,现在开始播音!"中国共产党领导下的第一座广播电台——延安新华广播电台正式开始播音,人民广播的播音实践正式开始,播音的理论研究也从此开始萌芽。

萧岩于 1941 年加入播音队伍,赵戈在《我们的广播诞生了》一文中说:"她的声音时而慷慨激昂,时而悲愤填膺,有力地传达了我党的声音,鼓舞人们奋勇前进。"[①]这句简单的评价成为播音主持批评早期的重要观点之一,既说明了情感在有声语言创作中的主导地位,也奠定了播音员作为党、政府和人民"喉舌"的传播地位。

播音员姚雯和麦风在反复播送毛泽东起草的中共中央军事委员会为皖南事变发表的命令和讲话时,了解到这是为了揭露皖南事变的真相,是为了反击第二次反共高潮,意义十分重大,因此在播送的时候,"她们沉着镇定,全神贯注,通篇文件一气呵成,句句义正词严,字字铿锵有力"。[②] 这也成为这一阶段播音创作的重要目标与评价播音效果的重要标准。

从 1940 年底到 1943 年春的两年多的播音实践中,播音员既播新闻、也

---

① 北京广播学院新闻系.中国人民广播回忆录:第 3 集[M].北京:中国广播电视出版社,1990:23.

② 杨兆麟,赵玉明.人民大众的号角:延安(陕北)广播史话.北京:中国广播电视出版社,1986:15.

播文艺节目，既做播音工作、也参加生产劳动和军事训练，延安新华广播电台的“喉舌”属性、革命事业的现实要求，都成为播音员如何进行播音创作的重要指导。人民广播从无到有的摸索前行中，播音员逐渐提高了政治觉悟、打牢了播音基础，这种富有情感性、鼓动性的新闻播音方式不仅成为当时的标准，也成为日后新闻播音的规范和理论总结的发轫之始，影响深远。

延安新华广播电台在 1945 年恢复播音，孟启予在《我在延安新华广播电台播音的时候》一文中回忆提到，搞机务的以及编辑部的同志都帮助播音员纠正字音、语气、速度、重音等。①

延安台的第一位男播音员王恂在《“XNCR”，我想念你》中说，孟启予告诉他播音的时候“不要慌，慢慢就熟悉了。你播音清楚，发音也准确，只是有时候念错字，有的地方不该停顿的停顿了”。还给他转达其他同志听过播音之后的意见：“播时事新闻和记录新闻比较清楚，播通讯还不够清楚，缺乏丰富多彩的感情，以后要多多练习。”②

由这些播音员的回忆可以看出，当时延安台具有良好的业务研究的风气，能将批评和自我批评真正落实到每一次播音中，注重普通话的规范和革命信念的加强等，这些都保证了播音质量的提高。

随着战争形势的发展，延安台从 1947 年 3 月到 1948 年 5 月进行了三次战斗转移，这对播音队伍是有力的考验和锻炼。播音员钱家楣播到国民党反动派背信弃义、发动内战时严词痛斥、慷慨激昂；讲到真武洞欢庆胜利的时候热情奔放、鼓舞人心。毛泽东称赞说：“这个女同志好厉害，骂起敌人来义正词严！讲到我们的胜利也很能鼓舞人心。真是爱憎分明，这样的播音员要多培养几个！”陈毅在接见电台工作的同志们时说：“你们的播音很有力量，听得很清楚。这个工作很重要。希望你们努力学习政治，钻研业务。”③

---

① 中国广播电视学会史学研究委员会，北京广播学院新闻传播学院新闻系.延安（陕北）新华广播电台回忆录新编[M].北京：中国广播电视出版社，2000：143-144.

② 中国广播电视学会史学研究委员会，北京广播学院新闻传播学院新闻系.延安（陕北）新华广播电台回忆录新编[M].北京：中国广播电视出版社，2000：143-144.

③ 杨兆麟，赵玉明.人民大众的号角：延安（陕北）广播史话：增订本[M].北京：中国广播电视出版社，2000：58-68.

延安台的播音工作得到了毛泽东、周恩来、陆定一、刘伯承、邓小平、陈毅等中共中央领导的重视和关怀,他们所提出的表扬、意见等都为提高播音质量、加强宣传效果起到了极其重要的作用。

同时,在东北和华北的广播电台的播音员,既向延安台的播音员学习,也相互学习、相互指正,对纠正办法、播送方式等共同商议,业务提高较快。

这一阶段播音批评的特点主要可以用"批评"和"自我批评"两个词来概括。"批评"既有播音员之间相互的指正,也有听众的意见,更有中共中央领导的指示;而"自我批评"主要指的是播音员对自己播音业务的总结。前者主要考证于当年亲历者的回忆,后者则以文字的形式流传了下来。

在战斗转移中,延安新华广播电台更名为陕北新华广播电台。1948 年 5 月底,陕北台播音组进行工作总结,每位播音员都写了"十天播音工作总结"。这其中最具代表性的便是齐越的《十天播音工作个人总结》。在这篇总结中,齐越首先概括了自己的播音工作:"一般来说,播音已较前有进步,固定的调子基本上已克服,错误、结巴亦较前减少,速度基本适当。"①齐越除了总结了自己播音的准确度、流畅度、节奏感等方面之外,还提到了固定腔调的问题,这也是如今在播音主持创作及理论研究中常谈常新的重要问题。在"播音的缺点与错误"中,齐越写道:一、个别语句不自然。二、有一些语句分断过多。三、某些字的四声不准(地方音)。四、播通讯放不开,呆板、生硬。大错误有三:"农民"播"人民";"中华民族"播"中国人民";呼号"XNCR"播成了"XNMR"。② 由这些总结可以看出,齐越对字音、停连、语流等外部形式以及内在情感等方面都有了一定的认识。不仅对他个人,也对日后播音理论的发展具有积极的意义。

人民广播诞生于战火硝烟的特殊年代,是革命的利器,是战争的武器,更是取得胜利的重要舆论工具。在血与火的洗礼中,人民广播的播音员们在战地前方揣摩播音、研究业务、相互学习、共同进步,在批评与自我批评的过程中,用有力的播音、高昂的斗志、激越的情绪、真挚的情感震慑敌人、鼓

---

① 齐越.献给祖国的声音[M].北京:中国广播电视出版社,1991:26.

② 齐越.献给祖国的声音[M].北京:中国广播电视出版社,1991:83.

舞我军民，使得我方舆论占据了强势地位。时至今日，虽然硝烟早已散去，战争早已远离，但这种蕴含民族气质和鲜明个性、显示中国作风和中国气派的播报方式深深影响着播音的发展，业已成为中国内地(大陆)播音的独特符号和美丽旗帜。这一时期，是播音实践开始的时期，是播音理论萌芽的时期，也是播音批评初现的时期。播音学术草创未就、如日方升，播音批评更是如此。行远必自迩，登高必自卑，彼时萌芽的种子正孕育着日后蓬勃的生机。

二、起步期：1949 年到 1966 年

1949 年 3 月，陕北新华广播电台跟随中共中央迁入北平，并于新中国成立之后更名为中央人民广播电台，正式成为国家级中央电台。此后的十多年间，中央人民广播电台的播音工作随着新中国的成立逐渐走上正轨；与此同时，"国家处于政权巩固和经济恢复期，既有党的八大制定的正确路线和'双百方针'所营造的良好环境，又有国际国内形势动荡、意识形态领域一系列思想批评所形成的禁忌，广播电视理论研究艰难起步并有所发展，同时也受到一定制约性影响。"①

这一阶段播音批评的特点是"经验总结"，既有对苏联播音经验、朗诵经验的翻译介绍，也有人民广播播音的经验总结。

20 世纪 50 年代，中央人民广播电台组织播音员写出了五篇总结性的文章，分别是由齐越执笔的《播音员和实况广播》、由夏青执笔的《克服报告新闻的八股腔》、由徐恒执笔的《播音员和播音工作》、由李兵执笔的《播社论的体会》以及由张洛执笔的《把现实中的情景鲜明地再现在听众面前》，其中很多的经验之谈在今天依然具有借鉴参考价值。这些文章和新中国成立之前相比，篇幅更加长、行文更加严谨、问题更加具体、分析更加透彻。

其中，最具代表性的是夏青执笔的《克服报告新闻的八股腔》。文章尖

---

① 张君昌.简论中国广播电视 90 年发展轨迹[J].北方传媒研究.2010(3).

锐地指出：一种不正确的、有害的“广播新闻八股腔”在播音员中流行着，在几年当中，报告新闻的播音员已经习惯性地为一切消息规定了一种“固定不变的调子”，很少去为每则新闻寻找那种最能够清楚表达内容的语气……这种广播新闻八股腔正严重地阻碍着播音员对业务的刻苦学习和锻炼，正严重地影响着广播新闻实际效能的充分发挥。① 同时还总结出广播新闻八股腔产生的原因：一、公式化、概念化地播报新闻。二、政策目的性不明确。三、播音员的知识不足，影响他对事物的深刻理解。② 文章分析现状、总结成因、指出危害，并列举了大量稿件进行分析，号召播音员应当深入钻研业务、提高播音质量。这篇文章是播音主持批评发展史上的重要资料，提出的问题至今仍存在于播音队伍之中，因此仍具有现实参考价值；努力钻研业务、提高播音质量的倡导更应当为播音员主持人所传承。

1963 年，齐越在上海电台播音组座谈会上的发言（形成文字后题为《实践——认识——实践》）对中国播音学理论的发展具有重要的意义，“成为播音理论的奠基之作”③。前半部分评价上海台、浙江台的方言播音，可以说是“批评”的范畴；后半部分关于播音业务内容，可以说是基础理论的雏形。齐越给予了沪语播音以肯定：尤其感到沪语的播音，语调、语气很有特点，地方化，生活气息浓厚，朴素、亲切、自然，值得我们普通话的播音员学习。……另外，他们不止是在字面上、语句上强调、加工，而是用内在的语言，作为基础的语气来表达。④ 从中可以看到“时代感”“亲切感”“分寸感”的雏形。齐越于 1954 年随中国广播代表团去苏联学习，他将斯坦尼斯拉夫斯基表演体系中“潜台词”活用为播音的“内在语”，成为播音内部技巧的重要组成部分。

苏联的符·阿克肖诺夫《朗诵艺术》由齐越和崔玉陵于 1956 年节译，后于 80 年代结集成书。⑤ 该书主要讲的是“怎样朗诵”的问题，在第一部分回顾俄国的朗诵艺术史的时候，主要采用的方式是列举历史上著名的诗人和

① 广播事业局业务研究室.播音工作经验汇辑[G].北京：广播事业局，1961：77-84.
② 广播事业局业务研究室.播音工作经验汇辑[G].北京：广播事业局，1961：77-84.
③ 张颂.播音语言通论：危机与对策[M].北京：北京广播学院出版社，2002：33.
④ 齐越.献给祖国的声音.北京：中国广播电视出版社，1991：65-74.
⑤ 阿克肖诺夫.朗诵艺术[M].齐越，崔玉陵，译.北京：广播出版社，1984.

朗诵家是如何朗诵的并进行评价,由此逐渐梳理出如何朗诵的要义。在“俄罗斯朗诵艺术史”一章中,作者是这样评价普希金的朗诵的:第一个摒弃了有损诗的意义和目的、只注意显露诗的程式化形式的语调。第一个开始朴素地、明白易懂地朗诵诗。……他批评了演员们朗诵时那种夸张的风格,对改变这种风格,施加了影响,使朗诵更接近自然的、口语化的舞台语言。……普希金朗诵得极好,而且,他的朗诵一反过分奇巧的拿腔拿调朗诵诗的习惯,是以彻底的质朴为特色的。由此可见,在当时的苏联,朗诵的追求是自然质朴、真情实感。在评价演员谢普金时,作者认为:他摒弃了当时舞台艺术通行的声音上的矫揉造作,摒弃了只强调简单词意不表述思想的过火的语调,摒弃了当时认为必须如此的大声嚷嚷。作者不提倡在朗诵中过分注重声音形式,而更强调思想感情的重要性。之后的书中,作者详细解释了朗诵的呼吸、嗓子、吐字、发音、逻辑阅读、逻辑重音、逻辑句读、逻辑顿歇、主题思想、创作想象、创作任务、创作态度、内心视像、内在语、语调、心理顿歇、节奏、手势以及创作交流等内容,具有较强的理论性和系统性。这些虽是讲如何朗诵,但同为语言艺术,对播音的创作具有极强的借鉴意义;而《朗诵艺术》对日后中国播音学以及朗读学的学科架构都有深远影响。人民广播的播音产生、起步的一二十年虽有不少感性经验和少量的文章,但缺少系统的理论话语进行概括,《朗诵艺术》的译介为中国的播音研究者提供了一个重要而实用的参照。

三、停滞期:1966 年到 1976 年

“文革”的十年使得国家陷入动荡,广播电视行业也不可避免地受到冲击。“建国初期建立起来的播音队伍被打散了。许多老播音员和建国后成长起来的新一代优秀播音员,被扣以‘反动权威’‘黑五类’‘修正主义苗子’等帽子,受到批判,调离播音岗位。‘文革’初期,各地方台都撤销自办节目,

全天转播中央台节目，有的台播音员全部下放劳动。”①这个时期，学术研究无法正常开展。播音批评在这一阶段是沉默的。但播音的从业者和研究者仍在夹缝中求生存，作出了一定的努力。1973 年，北京广播学院召开了播音的学术会议并出了文集《话筒前》；1976 年，北京广播学院七四级工农兵学员还编写了一本名为《为革命播音——献给基层广播站播音员》的教材。这两本书在一定程度上发挥了承前启后的历史作用，亦对播音主持批评的缓慢向前有所推动。

四、恢复期：1976 年到 1994 年

中国共产党第十一届三中全会拨乱反正，使得全社会都重回有序发展的轨道。播音的实践和理论研究也都开始恢复，并且进入崭新的发展阶段。在这一时期，北京广播学院播音专业于 1977 年招收第一届本科生，1980 年播音系成立，1981 年开始招收硕士研究生；1979 年召开了全国播音基础教材研讨会，1981 年召开了第二次全国播音经验交流会并出版了《话筒前的工作》一书；公开发表论文约 200 篇，《播音基础》《播音发声学》等一系列理论著作纷纷问世，学科体系开始建立。播音主持艺术学从这一阶段开始平流缓进、渐入佳境，而播音主持批评则在热烈的播音业务和基础理论的探讨中显得羸弱无力。这一阶段有关播音主持批评的论文仅有十几篇，从内容上看大概可以分为播音风格研究、播音语言问题和播音腔调问题三类。

姚喜双分别研究了林如、夏青和齐越的播音风格。《林如播音风格浅探》一文将林如的播音风格归纳为质朴和含蓄，并分析了其播音风格形成的原因。《夏青和他的政论文播音（上、下）》从分寸、逻辑、语言三个方面分析了夏青政论性稿件严谨庄重、稳健大度的播音特色。《大气磅礴一泻千里——论齐越的播音整体创作观》将齐越的整体创作观总结为大跨度的时空意识、开放的创作观念、行云流水的审美意识和“用生命播音”的精神境

① 张颂.中国播音学[M].2 版.北京：中国传媒大学出版社，2003：26.

界。对老一辈播音大家的研究对弘扬他们的精神、启示后学具有积极的作用。

陈刚的《谈谈播音中的语病问题》、孙修章的《电视新闻播音中的不规范读音》、殷作炎的《普通话播音和朗诵中的字音规范化问题》以及邹家兰的《浅谈播音语言规范化的几个问题》等几篇文章都是从语音、语病的方面探讨播音的语言问题，涉及多音多义字、语流音变、语言常识、轻重格式、习惯重音等方面，提醒着播音员作为标准普通话示范者的重要性以及增强自身文化底蕴的迫切性。

张颂《谈谈播音的降调问题》一文针对“文革”期间播音的“高调”“喊调”以及当下播音“平淡无味、松软无力”的现状，提出应该降调以及如何降调的主张，这是“文革”后播音首先应当面对的问题，是提高播音质量的突破口，具有较强的现实针对性。吴新的《试谈播音八股腔及语言生活化》及其续篇分析了播音中八股腔的表现及成因，提出播音语言应当生活化的主张并且给出了路径。常亮《谈谈新闻播音“淡”“拙”“散”的问题》和郭红彦《走出节目主持人的播音误区》分别针对新闻播音和节目主持的具体问题进行研究，并且给出了可行的方法和建议，具有一定的针对性和实操性。

总体来看，这一阶段播音主持批评远未走向自觉，有关播音评价的文章极少，缺乏系统性，针对的问题多为语音语调等基础问题，这与播音主持艺术学刚开始进入系统全面的学理研究阶段密切相关。

五、发展期：1994 年至今

1994 年，张颂主编的《中国播音学》出版，其涵盖了播音主持理论研究的方方面面，收录了播音主持理论研究的最新成果，是一部集大成之作，在学科发展史上具有里程碑式的意义。它的出版意味着学科建设走向成熟，标志着一个新学科的诞生。[①] 由此开始，伴随着广播电视事业的迅猛发展，播

① 张颂.播音主持艺术论[M].北京：中国传媒大学出版社，2009：258.

音主持艺术学也走上了发展的快车道。2011 年底，艺术正式独立为第十三个学科门类，“播音主持艺术学”成为“戏剧与影视”下的二级学科；开设播音与主持艺术专业的院校亦遍地开花，据不完全统计已有 700 余所，并且这个数字仍在扩大；播音的相关论著更是如雨后春笋般呈现，除了播音主持的专业著作，普通话测试、语言传播、影视配音等相关研究成果也层出不穷。但是值得注意的是，这二十多年的快速发展时期，播音主持批评依然未能走向自觉，整体面貌和之前相似，涉及评价的研究成果也多为对播音名家的研究介绍、对当下热门节目和播音员主持人的分析，缺少历时的、共性的眼光和全面、系统的研究。

但是值得一提的是，有研究者看到了播音主持批评理论的重要性，意识到了播音主持批评出现的迫切性。张英杰的《批评的视域：播音主持理论的建构与实践的超越》、谢伦浩《关于建立播音批评学的思考——当下播音批评的三维指向》、战迪的《试论播音主持批评体系的科学构建》《播音与主持艺术批评系统的功能探析》《播音主持批评家的主体性探析》以及王秋硕的《播音主持批评的民族化路径初探》《播音主持批评之体系初探》《播音主持批评对象备忘》《播音主持艺术批评标准刍议》《播音主持艺术批评的内涵、共性与特性》《播音主持艺术批评功能刍议》《中国播音批评史简论》等十二篇论文是目前为止明确提出播音主持批评概念的学术成果，对播音主持批评具有重要的先导价值和启发意义。张英杰的文章首先指出播音主持理论中批评内容缺失的现状以及“直率批评”的不足，随后提出应构建科学、合理的批评体系来促进实践的科学发展，作者给出了开展播音主持批评的三条路径：一、应有专门的播音主持评论员队伍；二、批评模式的多元化；三、打破批评界限。[①] 这篇文章简要地提出了播音主持批评的必要性和可行性。与之相比，谢伦浩的文章则更加具体、全面。其首先指出播音应该走出当下“空语”的学理困境，因为使命感的缺失、学理标准的缺失、人文精神的缺失以及学术管理的缺失等原因，直接导致了播音批评“研究对象不确定、研究

① 张英杰.批评的视域：播音主持理论的建构与实践的超越[J].媒体时代.2011(7).

方法不系统、研究人员不稳定、学科体系不完善、批评原则不定位、基本概念有争议、学科地位不明朗”的状态。面对这样的语境，播音批评主体应当树立自主意识、受众意识、文本意识、前瞻意识、大众意识以及全息意识，以达到播音批评对作品的阐释评价功能、对播音主体的规范修正功能、对播音客体的引导沟通功能、对播音理论的突破建设功能。最后，文章提出，“播音批评旨在分析播音现象、评价播音得失、匡衡播音观念、约束行业行为、促进行业自律，因此，除了树立正确的多维理念之外，制定批评标准、完善批评方式、构建批评体系、开辟批评阵地、扩大批评队伍都是必不可少的举措。”①这篇文章从播音批评学的重要性以及播音批评失语的原因的角度，给出了建立播音批评学的路径，思路较为清晰、眼界较为宽阔、阐释较为透彻，具有一定的理论研究意义和现实指导意义。战迪的研究基于传统成熟的媒介批评视域，提出播音主持批评学理应建立“文化研究视角、文本分析视角、社会责任视角、艺术实践视角”②等批评视角，并讨论了播音主持批评的一般功能与主体问题。王秋硕的研究立足于播音主持艺术学独创性的学科特征与播音主持创作的具体实践之上，明确提出了播音主持批评是对播音主持艺术相关的一切人员、活动、作品、理论、现象、思潮等事项的解释、分析、判断和评价，同时，深入分析了播音主持批评的体系分类、内涵特征、构成因素、基本对象、评价标准及多元功能，并提出了展开民族化批评的操作路径。

从人民广播诞生至今的八十余年，从播音专业建立至今的近六十年，播音主持的从业者和研究者都在这条虽不长却历经坎坷、虽年轻却充满希望的道路上辛勤耕耘、执着前行。播音批评伴随着播音实践和理论的发展，从“无意”到“自觉”，一颗种子已然生根发芽。实践之果丰硕，理论之树常青。在播音主持艺术学蒸蒸日进、枝叶扶疏的今天，播音批评理应蹈机握杼、睹微知萌，实现理论的突破和学术的发展。

---

① 谢伦浩.关于建立播音批评学的思考：当下播音批评的三维指向[J].现代传播.2012(6).

② 战迪.试论播音主持批评体系的科学建构[J].电视研究.2014(9).

04

第四章 播音主持批评功能论

播音主持批评的本质是建立在独立且客观、公正非趋利基础上的一种价值判断，其前提条件是专业认知、文化底蕴、审美标准等所构成的话语体系。这种价值判断以理性思维、系统论证、艺术观照等为基础，对播音主持艺术的理论研究、创作实践、艺术作品等事项进行理解分析、阐释说明、质询反思，既要理解播音主持作品所要传达的精神实质，也要对其进行新闻传播的、文学文化的、艺术审美的、人生的或是世界的解释。唯其如此，播音主持批评才能有效充实理论、引导阅听人、指导实践、提升自我；也正因如此，播音主持批评的话语空间、思想内涵是无比宽广的，有着生命、历史、文化、审美等无尽的、可言说的内容。

第一节　对话功能

播音主持批评的对话功能指的是其与播音主持创作主体(播音员主持人)、播音主持创作客体(阅听人)以及本体(播音主持批评)进行交流,共同推动播音主持艺术学的发展和繁荣。

一、与主体对话

播音主持创作的主体即播音员主持人,在广义备稿的基础之上完成狭义备稿之后,通过电声设备进行有声语言的传播。不管"广义备稿"的成果多么丰厚、"狭义备稿"的处理多么精细,播音员主持人的功力都不可能完美无缺、临场表现都不可能十全十美,在创作实践过程中点点滴滴的问题和不足,都需要不同程度地汲取他人的意见来获得修正。一方面,播音主持的实践创作最终面对的是广大的阅听人群体,是他们在收听、收看广播电视互联网新媒体等节目,他们的意见虽然不一定非常专业,但不可忽视。另一方面,播音主持又具有一定的专业性和特殊性,"播音员主持人处在广播电视大众传播的最前沿,运用现代化的技术手段向大众传播,对社会思想、时代风尚,对大众的行为模式、言谈举止都有巨大的影响力,这个职业和岗位承载着更大的社会政治、经济、文化、道德等社会责任。"①因此,对于播音员主持人的学理批评显得尤为重要。而播音主持批评家们既有专业的知识,又

① 马玉坤.规矩定方圆管理促发展:播音员主持人职业资格考试的意义[J].中国广播电视学刊,2014(8).

是普通的阅听人,身兼双重身份,更具客观性。对于批评家对播音主持作品的批评话语,创作者们切不可置若罔闻、无动于衷。综上,从播音主持批评的视域与创作者对话,使其能够从不同层面、不同角度汲取正确专业的意见,并且不断修正、完善自身的创作活动,是提升播音主持创作质量的重要途径。

换个角度而言,播音主持批评亦是对播音主持作品的再创造,是对其生命的拓宽与延续。如同众多形式的艺术作品一样,创作者不在了,历经千百年后,作品却流传了下来。但是这样的东西是缺乏利用价值的废铜烂铁,还是能发出黄钟大吕之声的珍贵乐器,就需要专业人士的评鉴。不同的历史时期,人们的审美旨趣是不一样的,因其受到社会历史发展阶段、现实政治发展境况、文化文明发展程度等多重综合因素的制约。比如"文革"时期的播音,被播音艺术家陈醇总结为"高、平、空、冷、僵、远",这六个字准确地指出当时播音存在的问题,得到行业内外一致接受并被反复引用。"高、平、空、冷、僵、远"虽然在那个年代"鼓舞人心",但如今听来已是不忍卒闻。而经典的播音主持作品肩负着有声语言传承历史内蕴、传播文化价值等重要使命,播音主持批评不仅是评价作品的重要方式,还是丰富作品外在形式、阐释作品内在含义、提升作品文化价值的有效途径;经典作品流传下来,对其阐释也在不断延续,其艺术生命也不会终结。播音主持作品可以说是也理应是批评者和创作者共同创造的产品。创作是为了欣赏、传播,而欣赏、传播也是一种创作。批评和创作是相通的,批评是对创作的一种反馈,创作者接受了反馈信息、了解了专业人士和普通阅听人的意见之后,审视自身不足,为下一次的播音主持创作积蓄能量。

播音主持批评与播音主持创作主体的对话,既是播音主持批评中一个重要的环节,也是播音主持创作实践中的一个重要环节。缺乏批评的创作只能是孤芳自赏、顾影自怜,不能修正前进的方向、不能飞跃更高的山峰;而没有了播音主持的创作实践,播音主持批评便成了无源之水、无本之木。批评家与创造者应当在平等交流、相互理解的基础上展开对话,在专业领域及相关领域进行专业的探讨、理念的碰撞,不断推动专业的进步、学科的发展,形成良性循环。但是,要建立这样一种纯粹的、深刻的、良性的模式,并不是一蹴而就的,而是需要时间的检验和双方的努力的。当下,“播音主持批评学”尚未建立,“学理批评”的意识也才刚刚觉醒,这必将是一条充满艰难曲折的道路。从电视来看,无论是哪个国家哪个地区、电视发展的哪个阶段,电视批评家们和电视节目的主创们始终未能达到和谐平等的交流状态、良性互动的境界。有的电视批评家利用某种身份的优势,指责电视的俗气与恶劣;有的批评家则自恃所谓的专家学者,对电视发表具有浓厚个人色彩和情感倾向的言辞。有的电视节目的创作者,主流意识形态是他们的创作指导;有的创作者的创作动机则是商业利益的驱使。这样的情形,让批评者和创作者很难在目标一致的语境下进行对话。播音主持批评刚刚起步,批评家和创作者都应吸取前车之鉴,努力在同一语境下积极对话、共谋发展。

二、与客体对话

播音主持批评者对播音主持作品的批评意见,不仅面对播音员主持人,也面对广大的阅听人。阅听人是播音主持作品最终的接受者与检验者,更是推动播音主持艺术发展的重要客观因素。建立播音主持批评与阅听人之间的对话机制,既是从阅听人的角度拓宽批评空间的深度与广度,也是最大化发挥批评在沟通创作者与受众之间的中介作用,提升受众审美水平与价值判断的重要方式。可以说,批评家是创作主体与客体之间的中介。同时,批评家既向阅听人评介播音主持作品,也从阅听人那里获取一定的社会、历史、文化等的症候,从而补充、发展自己的观念、理论。值得注意的是,广播电视互联网新媒体等媒介的对象即阅听人有其主体地位,但不能“唯受众论”,不是阅听人想要什么就创作什么样的作品,而是遵循“灌输”与“满足”的准则,做到“提升”而非“低就”。[1]

传媒行业日益兴盛,传统媒体和新媒体的竞争日趋激烈,各级广播电视

① 张颂.播音主持艺术论[M].北京:中国传媒大学出版社,2009:45.

台以及新媒体都铆足劲创新节目、争夺受众、提高收听收视率,令人眼花缭乱、目不暇接的节目已然将阅听人淹没。在建立正常“传受”关系的过程中,摒弃粗陋的节目,保留有品质的节目,仅靠“市场”的调节是远远不够的,需要播音主持批评者的积极参与。各级各类媒体中的节目有的高雅、有的庸俗,有的严肃、有的轻松,其中的播音员主持人有的专业、有的业余,有的端庄、有的媚俗。多数阅听人只有在中午或晚上的休息时间才能接触媒体,以获取信息、放松身心、陶冶情操。如何选择节目才能有所收获而不是仅仅消磨时光、浪费时间,批评家当仁不让进行介绍与推荐,他们的评介会给阅听人一定的指导,让他们在选择的时候有所参照。这样,批评家对阅听人实现了利益的维护,保护他们不被低劣的节目所伤害。这也是播音主持批评功能的题中应有之义。阅听人对节目的选择,往往依据的是一些外在的标准,比如主持人是否有名气、播出平台是否有实力、参与嘉宾是否有话题性等,这必然会导致选择的偏差。因为好的平台难免会因为“逐利”而失去公信力,好的主持人也难免会因为节目类型等原因而有失水准。因此,播音主持批评理应发声,告诉阅听人该如何选择节目以及如此选择的原因。

“如何把思想的生产性与审美体验性两者完美结合,始终是文学理论、艺术理论甚至美学理论的关键环节。”[①]在与阅听人对话的过程中,除了评介之外,还应当告诉他们该如何判断播音主持作品的优劣,矫正他们的不良趣味,提升他们的鉴赏能力。因此,在阅听人欣赏节目之前,批评家推荐给他们;在欣赏完成之后,批评家再解释给他们,通过对优劣细节的条分缕析,对先前的推荐进行补充和解释,给阅听人提供完整的思路。批评家在阅听人欣赏的全过程都不能缺席,但这不代表批评家就可以将自己的意见强行推给阅听人,播音主持批评应有完整的批评理论体系,有理有力有逻辑地让阅听人自己进行思索和探究,最终实现双方结论的一致。播音主持批评与阅听人的对话,不仅是“授人以鱼”,更是“授人以渔”。随着阅听人审美标准的日渐提升,一些过度娱乐化、媚俗化、思想空洞、审美苍白的作品也将被自

① 周宪.审美论回归之路[J].文艺研究,2016(1).

动屏蔽，而创作者也会根据阅听人的心理需求、审美需要等来不断优化自身素质和业务水平。“批评”的结果不重要，重要的是得出这些结果的方式和路径，这才是具有普适意义的价值所在。

三、与本体对话

播音主持批评除了与创作者和欣赏者对话之外，还必须与本体自身对话、进行自我的交流。“批评是理论建构的前提，又是理论建构的过程。”[①]播音主持艺术批评与本体对话的目的在于完善理论研究的有效性和全面性，主要包含了三个方面，一是播音主持批评各种观点之间的相互借鉴、交流、批评，二是播音主持批评主体对自己内心理性的感受、了解、思考，三是对播音主持批评理论的坚守、补充、提升。

播音主持批评要想发展，除了本体理论的原创、对其他学科理论的借鉴之外，内部的相互批评也显得极为重要。矛盾是事物发展的动力。不能以批评家的头衔而沾沾自喜、裹足不前，更不能因为评价结论相左而固执己见、甚至相互攻击。面对同一个对象，批评观点的差异恰恰是值得思考与研究的焦点所在，问题提出、探讨的过程，也是推动分析、研究、解决问题的过程。这种互批评或者叫反批评，给播音主持批评内部提供了交流、切磋的机会，提供了取长补短的机会，更提供了新鲜的空气。在学术争鸣、百花齐放的良好氛围中，在由不同的播音主持批评观念所形成的“观念场”中，播音主持批评才能更好地前进、发展，才能风发泉涌、枝繁叶茂。

播音主持批评具有感性和理性共同作用的交融性特征，批评也是一种创作，既有理智的评价，也有主观的感受。批评家在批评活动的过程中，既有感性的参与，也有理性的参加。感受是前提，批评家不能在欣赏一部播音主持作品的时候将理性先入为主，而应当感受先行，批评主体首先以欣赏主体的身份进入作品，不受任何外在因素的干扰，进入与自我交流的纯粹的境

① 高楠.理论的批判机制与西方理论强制阐释的病原性探视[J].文学评论.2015(3).

界。批评家的个性会在批评中展现,阅听人在批评中不仅能够了解播音主持作品的优劣高下,还能从侧面了解批评家的人格。能做到与自我交流的批评,少有功利色彩,更显自由。但是这种自由不是信马由缰、信口开河,而是在充分了解播音主持艺术的规律、批评的特性的基础上,对批评对象进行深刻的体悟和理性的分析之后,自由、独立地表达批评家独到的生命感悟,这样的批评融汇着批评家的本真性情、文化底蕴、哲学思考以及生命内涵,更具说服力,品格自然更高。

播音主持批评还应与自身理论对话。播音主持艺术学的基础理论最终展现于以播音员主持人为主的播音主持作品中,播音主持的实践是对理论运用的直接表现,而播音主持批评则是对实践成果的总结,是播音主持实践向新的更高层次的理论的飞跃。应当通过对播音主持实践、作品的批评,更加完善播音主持批评的理论体系。比如20世纪50年代由夏青执笔的《克服报告新闻的八股腔》、60年代齐越在上海电台播音组座谈会上的发言《实践——认识——实践》等早期的播音批评文献,也都是对当时中国播音实践进行批评之后的理论收获。除此之外,播音主持批评敏锐、灵活的特征使批评家能够随时把握播音主持创作的动态、不断总结新的实践经验、不断探寻新的发展规律,对理论家构建新理论提供新的启发。播音主持批评越是活跃,播音主持的实践成果也就越丰富;实践的发展对于理论的总结又具有可观的现实意义。播音主持批评的实践和播音主持创作的实践一样,都是播音主持批评的研究对象。得益于传媒产业的兴旺发达以及传媒艺术的持续繁荣,播音主持艺术学由此迅速地成为一门"显学",但是相比中国语言文学、新闻传播学等体系成熟的学科而言,播音主持艺术学仍处于发展的初始阶段,而播音主持批评则更为稚嫩。因此,播音主持批评的理论发展必须学习、借鉴其他学科的优秀成果,不断拓展自身视阈,秉持它山之石、可以攻玉的谦谨态度,自觉、扎实、深入地研究播音主持批评的实践,并在批评中不断完善播音主持批评的理论,逐步建立起功能齐全的、体系完备的、多元性的、开放性的播音主持批评理论空间。

第二节 审美功能

播音主持批评首要的功能应当是完善审美感知。审美功能虽然可以包含于“对话功能”之中,但由于其重要性而单独成节。审美是人类掌握世界的一种特殊形式,是人与世界(社会和自然)形成一种无功利的、形象的和情感的关系状态。审美感知伴随人们的日常生活,比如对绘画作品色彩、构图的感受,对音乐作品旋律、节奏的感受等。审美感知是艺术鉴赏的初级阶段,却是极为重要的阶段,因为这决定了事物是以何种面貌被审美主体所接受。只有感知到,才能理解美;如果连起码的感知都没有,那么更遑论艺术鉴赏和批评了。培养敏锐的感知力,提高艺术的审美力,都离不开批评的指导。

一、于主体

张颂指出,播音员主持人应具备的八种语言功力:宏阔精微的观察力,融会贯通的理解力,深刻灵动的思辨力,意象整合的感受力,精妙高超的表现力,条分缕析的鉴赏力,随机应变的调检力,应付自如的回馈力。[①] 这是播音员主持人在学习创作基础的时候应掌握的。当播音员主持人走上工作岗位,开始进行播音实践和创作的时候,这些功力便在过程中、作品中表现出来。而表现如何,则需要播音主持批评的评判。进行播音主持创作的播音员主持人们,理论基础也许很扎实、专业能力或许很突出,但在紧张的播音主持工作中,不可能做到尽善尽美。对于这些不足,如果仅靠播音员主持人自己去感悟太过强人所难,正所谓当局者迷、旁观者清,这时便需要播音主持批评的介入。

播音主持批评和众多学科的批评一样,之所以能够实现,是因为批评家的权威性被普遍接受,这其中也包括播音主持创作的主体。一个优秀的播

① 张颂.播音创作基础[M].3版.北京:中国传媒大学出版社,2011:154-156.

音员主持人、一档优秀的节目在刚出现的时候不一定会得到阅听人的普遍认可,有时候甚至会得到完全相反的评价。这时就需要批评家对其进行剖析,提出先进的见解。这不仅是对播音员主持人的鼓舞,更能够影响后来者的创作方向,提高他们的审美觉悟和艺术水平。在播音主持批评理论的指引下,批评家根据现实情况对播音主持作品作出深刻的思考、提出中肯的意见,既能给播音员主持人以高屋建瓴的指导,也能在客观上促成更多高品质、高规格的播音主持作品的产生。播音主持批评还能挖掘出播音主持作品中的深层意蕴,甚至是播音员主持人自己都没有意识到、没有表现出来的内容,能够引导播音员主持人更快地提升、更好地发展。

二、于客体

很多阅听人对节目的选择还停留在初级阶段,他们更倾向于有趣、刺激或是有明星效应的节目。很多作品的趣味性和文化性不成正比,很多时候,有些作品搞笑、刺激甚至离奇,阅听人欣赏的时候投入其中不能自拔,但结束之后发现没有什么值得回味的东西,甚至对主创动机产生怀疑。因此,批评家应当向阅听人指出,思考笑过之后还剩下些什么,还有与之完全不同的作品值得欣赏,这些作品也许看起来未必那么夸张、那么具有吸引力,但是可能历久弥新,悄悄地改变着阅听人的思维方式、行为方式甚至人生。批评家一个重要职责就是为阅听人拨云散雾、让他们在经历奇幻的漂流之后脚踏实地、抬头望见辉煌的高峰。

批评家不仅应当告诉阅听人什么样的作品好、什么样的播音员主持人好,还应该为他们指出好在什么地方。在这个过程中,批评家指出播音员的得失、指出作品的优劣,并告诉阅听人是什么原因造成了这样的结果,让他们学会如何从外在形式到内在蕴藉把握一部作品。在批评家的指导下,阅听人能够把隐藏在作品背后的不易觉察的美学价值、文化价值、社会价值等等解析出来,形成对作品的正确认知和判断,取其精华、去其糟粕,逐渐形成较高的鉴赏能力。

三、于本体

不同的批评家在面对同样的播音主持作品的时候，可能会产生不同的观点。这样的不同和批评家自身的学识、修养、看问题的角度、立场等都有密切的联系。批评家对待同一对象的不同观点正是值得思考和研究的地方，问题提出、探讨、激化的过程，也是推动问题分析、研究、解决的过程。因此，“不同”是一剂催化剂、是一种推动力，推动着播音主持批评的发展。批评家之间这种思想的交流和碰撞，会使播音主持批评理论更为完善、对实践的指导也会更为具体。

除了观点的不同，批评家语言的能力、逻辑的钳力、行文的风格等也影响着播音主持批评的发展。批评也是创造，其创造的作品主要便是批评文章，正是这些文字指引着播音员主持人以及阅听人的方向。批评家的思想观念熔铸于文字中，文字的力量便是批评的力量。批评家告诉他们什么是美的，最直观的展现便是文字的优美与否。入木三分的洞见、鞭辟入里的分析、清晰有力的逻辑、酣畅淋漓的表达，这一切都展现在批评家的文字中。文章的美既有思想的美，也有形式的美。这样的文字不仅让播音员主持人、阅听人以批评的视角对作品进行审美，也能学会对文章进行审美。文字的力量是强大的，不仅能提高播音员主持人、阅听人的阅读审美水准，更能对批评家们相互借鉴、学习并写出信、达、雅的批评提供平台。

第三节　文化功能

当今社会，大众传媒进入空前鼎盛的时期，传统媒体求新求变，新兴媒体方兴未艾。这是文化的重要组成部分,也是文化生产的重要源头。大众传媒不仅提供给人们浩如烟海的信息,也在无形之中影响着人们的生活理想、道德准则、价值观念以及审美判断等方方面面。这样的影响不露痕迹,却有难以言说的巨大力量。播音主持是大众传媒文化的重要组成部分,而播音主持批评也承担着重要的文化使命,它让我们了解所处的传媒文化环境,提醒我们警觉那些并非理所当然的现象。播音主持批评对文化的构建有着不可替代的重要作用。

一、探讨播音主持艺术的发展规律

人民广播至今不过八十余年,播音主持艺术学学科的建立还不足六十年,其中还经历了十年的停滞期。面对当前文艺发展的多样繁芜,可以说播音主持艺术学的现状是学科体系尚不完善、理论基础尚显单薄,新情况层出不穷、新问题迭见杂出。还有很多具体问题,比如播音主持与政治的关系,播音主持与经济的关系,播音主持创作雅与俗的问题,播音主持创作个性与共性的问题等,这些问题解决得适当与否,都会影响播音主持艺术学实践的未来走向。在对这些问题的解决过程中,播音主持批评有举足轻重的作用。播音主持批评要真正地发挥现实作用,就必须拥有自己的理论空间,不断建构和拓宽自己的理论话语;通过批评实践,总结历史经验、研究现实创作、探讨发展规律,是播音主持批评的重要历史使命。

二、评价播音主持艺术的实践成果

通过播音主持批评的形式,对当前播音主持实践及其成果进行分析、评价、研究,是播音主持批评的另一项文化使命。虽然播音主持艺术学的历史并不长,但是人民广播的优秀传统不能丢,老一辈播音员的优秀传统不能丢,对这些宝贵财富应当深入研究、认真总结、广泛评介、发扬光大。历史就是现在,当下播音主持的理论和实践,都应当在历史中汲取营养、丰满羽翼。

面对当前广播电视互联网新媒体播音主持创作较为混乱的现状,播音主持批评更不能失语、缺席。批评,才能使播音主持创作从初级走向高级、从混乱走向繁荣;批评,才能矫正不正确的审美倾向、纠偏不正确的价值取向。播音主持批评应当以宽广的理论视角、开阔的理论胸襟,站在播音主持艺术学历史和现实的高度,全面把握播音主持艺术学的发展现状,科学预测播音主持艺术学的未来趋势,完成播音主持批评的文化使命。

三、指导播音主持艺术的未来走向

播音主持批评的一个重要特征便是探索,以敏锐的洞察力发现他人未曾发现的问题、发掘播音主持作品中的文化含量、提出前所未有的批评理论。就这个角度而言,播音主持批评是播音主持艺术学理论体系的前沿阵地。激烈的媒体竞争既让阅听人大呼过瘾,也造成了一定的乱象,播音员主持人首当其冲。针对现实问题、提供解决策略、提出未来路径,也是播音主持批评的文化使命。作为大众文化、大众传媒的一部分,播音主持的文化性不容置疑。传媒掌握着文化的话语权,而播音员主持人则掌握着媒介的话语权。有了权力便有了责任,作为传者,播音员主持人应有自己的责任和良知,应当具备文化自觉意识,全面了解文化传统、正确认识文化现状、正确选择文化取向,潜移默化,润物无声,发挥广播电视教育和鼓舞广大人民群众的吸引力、感召力,为建设文化强国、构建和谐社会做出积极的贡献。如何在物欲横流、泥沙俱下的环境中坚守阵地、守望文化,需要广播电视互联网新媒体等各级各类媒介找准文化定位、明确文化诉求;需要播音员主持人在此基础上站好岗、做到位,并且努力实现品质的提高、品位的提升;更需要播音主持批评的引领。播音主持批评,理应成为传媒事业文化品位、传播格调最终的守望者。我们期待全民族文明素质的提高、国家文化软实力的增强、优秀中华文化的弘扬、社会主义文化强国的实现,也期待“各美其美、美人之美、美美与共、天下大同”。

第四节　社会功能

播音主持批评对播音主持创作的评判，不仅对欣赏者、创作者、批评家自己以及作品具有巨大的价值，而且对播音主持艺术学的发展以及社会、历史、政治、文化等多方面都具有不可忽视的重要作用。

一、调节播音主持创作与现实生活

播音主持是我国新闻传播事业的重要组成部分，也是社会历史文化的组成部分，和现实生活有密不可分的天然联系。就微观层面而言，通过播音主持批评，既可以发现作品的尺瑜寸瑕，也不会遗漏作品的寸善片长。由此，可以深化创作者对自己作品的认知，提高创作者把握创作和现实关系的能力，使创作者更加自觉地按照播音主持的内在规律进行创作。就宏观层面而言，播音主持批评不仅仅局限在具体的人或作品中，而是从社会历史的高度、文化艺术的角度指出播音主持创作中的不良倾向。不同的社会历史时期，有不同的审美情趣、创作观念、艺术风格、文化指向，播音主持批评积极面对不同的社会现实，通过批评整治不良的创作观念、不好的审美倾向，引领播音主持事业、新闻传播事业以及全社会的风气走向高品格、高规格。

二、实现播音主持作品的社会教化

中国历来的文学艺术都注重作品的言志、教化、社会功能，广播电视媒体概莫能外。虽然当下不少播音主持创作偏离了规定的创作道路，但播音主持批评必定会给偏离了轨道的创作以正确的指引。对播音主持作品的教化作用，阅听人一般很难感受到，他们总是更多地关注直观的信息、精美的画面、刺激的情节，享受时间的流逝，很少从其教化价值的角度去分析这些作品。这就需要批评家引导阅听人去认识其中的价值。主创者的道德准则、文化取向、审美追求等必然隐藏在播音主持作品中。在中国传统的文艺观念中，“文以载道”的思想影响巨大。纵观历史上的优秀文学艺术作品，大多在取材和立意上都会以当时的社会现实为依托，或深刻揭示社会矛盾，或深刻反映人的命运。播音主持创作同样肩负着异曲同工的使命。作为一名播音员主持人，首先要明确的就是创作道路的问题：站在无产阶级党性和党的政策的立场上，以新闻工作者特有的敏感，把握国内外形势的发展变化和人民群众的思想实际，准确及时地、高效率高质量地完成“深入理解—具体感受—形之于声—及于受众”的过程，以积极自如的话筒前、镜头前状态，进行有声语言的创作，达到恰切的思想感情与尽可能完美的语言技巧的统一，达到体裁风格与声音形式的统一，准确、鲜明、生动地传达出语言文化的精神实质，展现时代风貌，充满人文关怀，发挥广播电视教育和鼓舞广大人民群众的吸引力、感召力。①

三、提高人们的生活品质

墨子曾说：食必常饱，然后求美；衣必常暖，然后求丽；居必常安，然后求乐。这句话简明扼要地说出了一个事实，就是人们对美的渴望是随着社会的进步和自身生活状态的改善而不断增加的。艺术可以愉悦身心、净化心灵，每一件成功的艺术作品都是按照“美的规律”进行创造的。播音主持艺术创作也理应如此。正如高尔基所说：“无论在什么地方，总是希望把‘美’带到他的生活中去，希望自己不再是一个只会吃喝，只知道很愚蠢地、半机械地生孩子的动物。”②这不仅适用于文学作品，也适用于一切艺术作品，更应当成为每一个文艺创作者的指导思想。

一方面，播音主持批评所倡导的思想和观念正是人们在满足了功能需

① 张颂.播音创作基础[M].3版.北京：中国传媒大学出版社，2011：18.

② 高尔基.高尔基选集：文学论文选[M].孟昌，曹葆华，译.北京：人民文学出版社，1958：7.

要之后更高级别的精神层面的需要,也是提高全民族综合素质的重要途径。“文革”十年给人们的心灵造成了巨大的创伤,精神生活贫乏、审美能力丧失、社会全面倒退;20 世纪 90 年代以后市场经济的转型又使得人们的生活世俗化、功利化,压抑的欲望过度释放,导致物欲横流、钱欲膨胀。“教育和鼓舞广大人民群众”是播音主持创作和批评的题中应有之义,我们在创作中、在批评中提倡真、善、美的观念,春风化雨、润物无声地陶冶人们的情操、健全人们的人格、提高人们的素质,促进人的全面发展。

另一方面,播音主持批评引导阅听人在审美的感受中美化自己,创造和发现美好的事物,进而提高人们的生活品质。在播音主持作品中所呈现的思想未必能被阅听人所挖掘,播音主持批评便要为他们明确指出来,启迪人们感受美、发现美、热爱生活。罗丹曾说:世界上不是缺少美,而是缺少发现美的眼睛。播音主持批评首先应当告诉阅听人什么样的节目是美的、什么样的播音员主持人是好的,在直观的基础上再总结、提炼、糅合进审美想象,逐步培养阅听人对美的感受力。有的人审美感受力精微,有的人则粗疏,需要长期的锻炼来提高,最终达到能够主动把握美的境界。阅听人在有了审美的感受力之后,还需要鉴赏力来进行理性、系统的评判,唯有如此,才能真正分辨美丑、善恶、高下、云泥,才能真正欣赏高雅作品,才能真正形成良好的生活习惯、提高生活品质、优化生活结构、构筑美好生活。

毫无疑问,构建播音主持批评的理论空间是推动播音主持艺术学发展的必经之路,明确播音主持批评的功能意义是批评价值得以实现的重要前提,对播音主持批评功能的研究是构建播音主持批评理论体系的必经之路。早在 20 世纪 30 年代,中国电影批评家尘无就指出:“我相信没有批评,是不会有进步的。不但电影是这样,一切文化都是这样。”①没有播音主持批评,就缺少了对播音主持创作正确与否的鉴别与评判,更易导致伪科学、伪艺术的甚嚣尘上;没有播音主持批评的功能分析,就缺少了对批评的作用甄别与价值定位,更易导致批评话语的泛化与泛滥。“特别是在媒介融合、跨屏传

① 尘无.批评和骂[N].中华日报:电影新地,1932-11-07.

播的现实语境下,文化性消费的具体实现方式已经呈现出多样式并存、多渠道获得、多类型选择等态势。”[①]播音主持批评的传播环境与现实意义更为复杂多元,审视批评的功能价值不仅能够摒弃应时应景的媚俗之作,更能发挥播音主持艺术创作悦人心智、养人心神的功效。

① 王秋硕.浅论电视综艺节目主持人的类型发展与优化培养[J].中国电视,2015(12).

05 第五章 播音主持批评主体论

“主体”,在哲学的层面上来讲,指的是某种行为的发出者,而“客体”则是某种行为所作用的对象。播音主持批评的主体,就是作用于“播音主持”的“批评家”。严格来说,“批评者”和“批评家”具有本质的区别,这和“批评”的三个层级——业余评论、艺术鉴赏、学理批评有相同的进阶。为了行文的方便和统一,本书多用“批评家”一词概指主体。播音主持批评家的构成应当说是多元的,除了职业批评家之外,还有大众批评家,另有一些卓有建树的播音艺术家、电视艺术家、播音主持教育家、播音主持理论研究者等,这些人都是播音主持批评主体的重要组成部分。“播音主持批评家”是一个由多行业、多层次的人共同组成的集合体,只有叠加每个批评的视角最终得出的综合结论,才更加接近对象的本质。

古罗马著名诗人、文学批评家贺拉斯在其著作《诗学·诗艺》中说:“我不如起个磨刀石的作用,能使钢刀锋利,虽然它自己切不动什么。我自己不写什么东西,但是愿意指示别人：诗人的职责和功能何在，从何处可以汲取丰富的材料，从何处吸收养料，诗人是怎样形成的，什么适合于他，什么不适合于他，正途会引导他到什么去处，歧途又会引导他到什么去处。”①他把文学创作比作钢刀，而把文学批评比作磨刀石，这一经典的比喻无比恰当地指出了二者的关系，直至今日仍被文学艺术各个学科的批评理论所引用和借鉴。创作（包括播音主持艺术创作）的钢刀，需要在理论批评的磨刀石上不断砥砺，否则，不管钢刀如何锋利，在使用的过程中总会一天钝似一天。想要艺术生命常青、不断创作出优秀的播音主持艺术作品，必然需要批评家的批评这块磨刀石的反复打磨。

① 贺拉斯.诗学·诗艺[M].杨周翰，译.北京：人民文学出版社，1979：159.

第一节 播音主持批评主体的构成

从现实情况来看，目前专门从事播音主持批评的人可以说是没有的，这不能不说是一个巨大的遗憾；播音主持艺术家、播音主持专业教育者、播音主持理论研究者等是目前少有的进行播音主持批评的人；而互联网新媒体以及各类移动终端的出现和普及，则造就了一大批大众评论家。总体看来，播音主持批评还未能形成规模、未成良好风气。但是作为理论研究，依然要在学理的层面对其进行划分。

一、职业批评家

所谓职业批评家，顾名思义，是以批评为职业的人，即专业从事播音主持批评的人。一般来说，他们应当具备广博的理论储备、扎实的专业知识、精深的艺术修养、精密的思维逻辑、独到的批评视角、良好的职业道德、敏锐的审美判断力以及高超的语言表达力等。同时，他们应当具有良好的教育背景、对播音主持事业有无比的热忱、对学术研究充满敬畏并有高度的责任感、使命感，对问题的分析能够言之有物、有理有据、秉要执本、攻心扼吭，树立权威性、具有公信力。

播音主持职业批评家在本领域的批评家的集合中应当是正统的、一流的批评家，他们的理论研究不仅对播音主持实践有重要的推动作用，对播音主持基础理论有重要的补充作用，不同观点的争鸣、交流会影响播音主持艺术学的发展方向。综观古今中外文学艺术领域各个学科，几乎都有各自的职业批评家为本学科的发展玉成其事,也期待着播音主持领域的职业批评家能早些、多些出现,为播音主持艺术学的发展查漏补缺、引领航向。

二、专业批评家

这里所说的“专业”不同于“职业”,而是“播音与主持艺术专业”的意思。专业批评家主要指的是具有播音主持专业背景的批评家,他们和职业批评家的主要不同在于所从事职业的侧重点。播音主持的职业批评家也应该有或者说必须有播音主持的专业学科背景,但是他们不是专业的播音员主持人,他们的主要工作是理论研究、是“批评”;而专业批评家则特指具有丰厚的播音主持实践经验的播音员主持人,他们对行业现象有自己独到的见解和观点。

专业批评家需要职业批评家所具备的素质,也许在理论功底方面不如职业批评家深厚,但在播音主持创作方面,却有很多职业批评家不具备的“专业”发言权。他们既从事播音主持的实践工作,也进行播音主持批评的理论研究,他们对播音与主持艺术专业有最深切、最直接的体会和感悟,因此更容易从播音主持作品本身出发进行分析和评价。以绘画举例,我国南齐的批评家谢赫在其《古画品录》一书中评价了自三国至魏晋南北朝时期的17位画家,并提出了绘画理论“六法论”,在绘画史论上具有重要地位,但谢赫也是一位画家,这并不为众人所知;明朝的画家石涛,擅画山水、兼工花鸟,以“画僧”名重天下,其“一画法”等理论对中国画的发展具有重要意义,但世人了解石涛多因其绘画成就而非理论建树。

在现实生活中,这两类批评家的职业身份也许有所交叉、不易细分,但最终目的都是促进播音主持艺术学从理论到实践的发展,可谓是“殊途同归”。相较于职业批评家,专业批评家的观点可能会显得局限,因其从本专业出发、只对本专业的了解比较深入;但是我们不能因此忽视专业批评家的重要地位和独特创见,只要他们拓宽视野、整体把握,不囿于个体实践的窄路,专业批评家的批评依然具有不可替代的重要作用。

三、大众批评家

大众批评家主要指对以播音员主持人为代表的播音主持作品发表意见、作出评价的广播电视等传统媒体以及网络视频网站等新媒体的阅听人。本书在行文中使用了“阅听人”一词而非“受众”,是考虑到“受众”仅仅是被动地接收信息,而“阅听人”则含有主动获取信息并进行反馈、互动的含义。

播音主持的大众批评家,其实是一个极其广大的集合体。电视的“大众文化”属性、网络铺天盖地的包围,让几乎全民都成为“潜在”的大众批评家。这一点是其他任何一种文学艺术形式都很难达到的。QQ 签名、微博心情、微信朋友圈等各类五花八门的社交媒体平台,为大众批评家的言论发表提供了便捷的通道。值得注意的是,一方面,大众批评家的文化素质、审美观念、政治水平、个性特征等参差不齐、差异巨大,所做的评论更是百人百面、千差万别;另一方面,140 字甚至几十字的字数限定让这样的言论无论内容良莠都注定是碎片式的。开放的平台、相对自由的言论,让“大众批评家”队伍鱼龙混杂、良莠不齐,有些不仅不能称“家”、甚至连“者”都不是。真正的大众批评家应当是普通大众声音的代表者,他们的批评不是一时的哗众取宠、不是缥缈的过眼云烟,而是具备一定的理论价值和学术意义,经得起时间的考验和实践的检验,并能给予理论最为鲜活、直接的指导。这也是“阅听人”的能动意义之所在。混淆视听、浑水摸鱼只能逞口舌之能、得一时之快,而真正的隽言妙语、金玉良言自然能够披沙沥金、流风遗韵。

第二节　播音主持批评主体的要求

对于播音主持批评主体的要求是多元的、复合的,播音主持批评主体应当把握社会责任与个人认知的统一，总体标准与具体分寸的统一。播音主持批评主体的要求体现出播音主持批评学的文化自觉与基本规范。

一、肩负社会责任

播音主持批评家对批评对象的分析、评价和研究，最终形成口头的语言或书面的文字从而进入传播，成为社会舆论的一个重要组成部分。在批评活动中，批评家便是舆论的弄潮儿，始终处于风口浪尖，引领着舆论大潮的方向。因此，批评不仅仅是审美判断，更是价值判断。播音主持批评家不仅是独立的个体，还是社会的人，需要承担社会的、文化的、政治的等各方面的责任，因此其开展的批评活动也不再是个体的行为，而是整个社会文化的一个组成部分。

第一，从狭义上说，批评家应当积极促进播音主持艺术学的发展与繁荣。批评家应当始终坚持促进播音主持事业健康发展的理念，用新鲜的理论成果来指导播音主持的实践、来丰富播音主持艺术学的理论。不管社会环境如何，无论是战火硝烟的战争年代，还是和平发展的当代，牢记职责，不辱使命，用自己的力量来推动播音主持艺术学的不断繁荣。也只有如此，才能赢得大众的信赖，才能树立批评的权威，才能促进播音主持批评的良性发展。

第二，从广义上说，批评家应当始终代表先进文化的前进方向。播音与主持艺术是艺术门类的一个领域，也是文化的重要组成部分。批评家的批评应当努力代表先进文化的前进方向，为推动社会主义文化大发展大繁荣作出自己的贡献。批评家既是文化的传播者，也是文化的传承者，理应在物欲横流、泥沙俱下的环境中站好岗、做到位；理应培养高度的文化自觉、提升文化自信、承担文化责任；理应成为广播电视事业文化品位、传播格调最终的守望者；理应为全民族文明素质的提高、国家文化软实力的增强、优秀中华文化的弘扬、社会主义文化强国的实现添砖加瓦。

第三，批评家还应当自觉反映人民大众的心声。当今社会，媒介繁荣，无论是传统媒体还是新兴媒体,都在大众的生活中扮演着无可替代的重要角色。可以说,各类广播、电视、网络等节目成为与大众联系最为紧密、最为普及的一种艺术形式。播音主持作品是为大众服务的,无论是信息传播、休闲娱乐还是审美欣赏,都应当自觉表达人民大众的心声和意愿。播音主持作品凝结了团队的心血,最终由播音员主持人出头露面进行有声语言的传播。但是,这不是传播的终点,播音主持作品价值的真正实现在于阅听人的收听、收看和接受、反馈之中。阅听人是播音主持作品完成传播的不可或缺的重要一环。批评家理应代表最广大人民的要求、成为最广大人民的代言人,用既能反映时代声音又具有学术价值的客观、公正的批评,促进播音主持事业实践和理论的双丰收。

二、端正批评态度

端正的态度适用于做任何事情,播音主持批评也不例外。批评家的批评态度,对批评观点的提炼、批评结论的总结都会产生重大的影响;而这样的批评又会作用于播音员主持人的实践乃至播音主持艺术学的理论,因此必须慎之又慎。批评家要以正确、公正、恰切的批评态度对待不同的批评对象,而不能一概而论。一方面,对待代表社会发展要求、反映人民大众心声、符合创作规律和传播规律的积极美好的播音主持作品,应当给予客观评价和中肯推介。另一方面,对于那些具有腐朽没落意识或是钟情于外来文化的现象,要以坚定的立场、鲜明的态度毫不留情地给予痛斥和批判。唯有如此才能使播音主持批评活动健康有序地开展,助推播音主持艺术学的繁荣发展。

三、掌握批评标准

播音主持批评是一项分析、判断、评价的活动,批评不是随意的,而是需要一定标准的。虽然播音与主持艺术具有艺术性的重要特征,对播音员主持人以及节目的评价会具有一定的主观性、个体性，但是整体来看，还是可以用一个较为普适的标准来判断的。

第一，从狭义上说，在特定社会、特定时期，总有特定的文化氛围和审美倾向。批评家应当牢牢把握这个方向，使得播音主持批评和社会、文化、政治、艺术等相契合。

第二，从广义上说，人类在长期的社会生活中逐渐形成了一些属于全人类所共有的、相对永恒的、非功利性的并为大多数人所认可的思想观念，比如爱国，比如民主，比如善良，比如勇敢等。批评家把握住这样的大方向，标准便有了立足点。

四、把握批评分寸

批评家的批评是播音员主持人一面自我反省的镜子，不仅能促进播音员主持人的进步，更能促进播音主持艺术学学科的发展。但是如果批评家采取了不恰当的批评方式、不合适的批评分寸，那么效果恐怕会大打折扣甚至会适得其反。

第一，播音主持批评不宜以播音员主持人为中心。诚然，播音员主持人是播音主持作品中最为重要的环节，但是并不意味着批评需要"看播音员主持人的脸色"。有些播音员主持人自恃略有名气和人气，完全以自我为中心，全然不顾播音的优良传统和专业要求，将不适于大众传播的种种问题"敝帚自珍"，还自以为奇、自以为美。这个时候，批评家便应当指出问题所在、纠正不良取向，而不能因为其名气和人气的影响而唯唯诺诺、怯于发声或是只说冠冕堂皇的套话、空话。

第二，播音主持批评不宜以批评家为中心。诚然，批评家掌握着批评的话语权，是大众的代言人，是创作的"磨刀石"，但是不代表批评家就可以信口开河、胡言乱语。有些批评家全然不顾播音主持创作的基本规律、新闻传播的基本规律乃至社会历史文化的要求，完全站在自我感受的立场上，以过于个人化的言论进行批评，这不仅会引起播音员主持人的反感，更会丧失大众的信任,最终失去宝贵的话语权和权威性。批评家也应当学会辩证地看待批评对象,不走极端,不走“中庸”,客观、公正、一分为二地开展批评活动。

第三节　播音主持批评主体的素质

戏剧家曹禺曾经说过:出现一个有权威的文艺批评家,在一定意义上说,比出现一个作家更重要,但也更困难。[①] 的确,这样的困难既来自外部环境的制约,也来自个人素质的局限。要成为一名合格、优秀的批评家,个人的素质可以说是成功的基础。播音主持批评不是简单的对错判断,而是综合了形象感受、情感体验、审美判断、逻辑思维的复杂的过程,批评主体必须具备较高的文化修养、专业素养以及道德涵养等多方面的综合素质,才能胜任这一严肃、神圣的重要工作,才能树立学术权威、推动学科发展。

一、文化修养

播音主持批评家的文化修养主要体现于丰富的阅历、广博的知识等方面。

(一)丰富的阅历

一名优秀的播音主持批评家一定拥有丰富的社会阅历和生活积淀,阅历越丰富、积淀越深厚,播音主持批评的质量也一定越高。可以这么理解,社会阅历是物质生活的经历,生活积淀则是精神生活的积累,这是衡量播音主持批评主体的重要指标。播音与主持艺术可以说是一种精神生产,而播

① 曹禺.评论需要学识和胆识[J].人民戏剧,1982(4).

音主持批评也更多地诉诸精神领域，因此我们不能只关注有形的物质世界，更要看到生活所给予的无形的精神世界的财富。拥有正确的、深刻的、开放的人生观、世界观，价值观，对播音主持批评主体深入理解和周密阐释批评对象是大有裨益的。

社会生活是一切文学艺术创作的源泉。播音与主持艺术同样离不开社会生活的滋养；而播音主持批评家也是在投入火热的社会生活之后，获得丰富的人生体验、社会经验、文化知识，并感悟、思索生活的真谛，在此基础上对批评对象进行分析和评判。批评家只有获得和播音员主持人相同甚至比他们更深的体验和感受，才能对作品进行更深刻、更全面的把握。综观古今中外的文学艺术批评家们，无一不是具有丰厚社会阅历的人：孔子一生命运起伏跌宕，周游列国、饱经沧桑，完善了其礼乐教化的思想；贺绿汀经历战火硝烟的洗礼，从事音乐的创作、教育、批评，其现实主义批评观念具备深厚的生活基础，富有感人至深的力量；达·芬奇崇尚自然、重视社会实践，将艺术与科学有机结合，为人类社会的进步与发展做出了卓越的贡献。

丰富的社会阅历和生活积淀之所以重要，是因为其对播音主持批评家的批评理念有巨大的影响。批评家的批评理念、批评方式、批评标准、批评样态以及批评对象的选择等方面，无一不受到社会阅历和生活积淀的影响，呈现出独特的个性特征。这种独特的个性如果被社会大众普遍接受，从而使批评家树立权威、形成风格，那么便是一个批评家成熟的重要标志。值得注意的是，从书本、媒体、他人等处间接地获得生活的感受是人们掌握世界的一种方式，但对于播音主持批评家来说，最主要的方式是深入生活、获得“第一手”的人生体验，如此才能保证播音主持批评视野的宽广、理论的深厚。正如毛泽东在《延安文艺座谈会上的讲话》中所说的：到工农群众中去，到火热的斗争中去，到唯一的最广大最丰富的源泉中去，观察、体验、研究、分析一切人，一切阶级，一切群众，一切生动的生活形式和斗争形式，一切文学和艺术的原始材料。①

---

① 毛泽东.毛泽东选集：第3卷[M].北京：人民出版社，1985：861.

（二）广博的知识

除了丰富的阅历之外，播音主持批评主体还应具备广博的知识，因为播音主持批评不仅需要本专业的知识，还需要艺术理论、美学理论、新闻传播理论的参照，还需要文学、历史、哲学、政治的基础。播音主持批评的主体需要深厚的文化底蕴来支撑批评活动的开展；知识面狭窄的批评家是难以发现批评对象深层次的思想意蕴、文化取向的。面对数量众多的各类媒体，面对层出不穷的各类节目，面对数以万计的播音员主持人，批评家要想从中发现问题、总结规律，不掌握各类相关知识必然会导致批评时无从下手、无的放矢、捉襟见肘，或者做出的批评不合本质、不合规律、有所偏颇。

播音与主持艺术从产生的那一天起，便具有了交叉学科的性质，“它以哲学和美学、新闻学与传播学、语言学及应用语言学、文学艺术这四大学科为自己的支撑，并融会着其他相关学科的精义。”①这些学科不仅影响着播音主持艺术学的理论构建、影响着播音员主持人的实践创作，还会成为播音主持批评所依赖的知识体系。播音主持批评家在批评活动中，必须能够将这些学科的知识信手拈来、为我所用，来解决批评中的相关问题。播音与主持艺术是社会文化的一个组成部分，播音员主持人出头露面，用有声语言传递信息、传播人类文明的精粹，很多播音主持作品蕴含丰富的人文精神和哲学内涵；播音员主持人是新闻工作者，是传播链条上的一环，大众传播有其特有的要求和规律；播音员主持人进行传播主要使用的是有声语言，其涉及语言学、语音学、语言应用等多个方面；另外，对播音进行审美观照会发现其和美学、接受美学息息相关。等等如此，不一而足。纵观历史上著名的批评家，几乎每一位都是大学问家，甚至身兼政治家、哲学家、美学家、史学家、文学家等多重身份。正是因为他们具备广博的文化知识、深厚的文化底蕴，才能留下名垂千古的经典性批评论著。播音主持批评家在进行批评的时候必然要挖掘出其后所蕴含的社会、历史、文化知识，没有相当的学识是

① 张颂.播音主持艺术论[M].北京：中国传媒大学出版社，2009：110.

比较困难的。

在这些相关学科的知识体系中，各个学科应当说不可偏废，但是首要强调的便是播音主持批评主体的文学修养。一方面，批评家所面对的是播音主持作品，作品由播音员主持人的有声语言表达出来，有声语言的基础便是文字语言，即稿件。无论是有稿播音还是无稿播音，都有或详尽或粗疏的文字文本。无论传播的形式如何，内容还是传播的重中之重，这就需要批评家具备深厚的文学功底，对内容进行深度解读和挖掘。例如一些纯粹的文学性节目，更需要批评家自身的文学功底支撑起批评活动，否则便无法判断主持人的观点正确与否、介绍深刻与否、评价中肯与否。另一方面，播音主持批评的主体开展批评活动，必然要将观点形成口头语言或书面文字，后者的情形更多。不管何种形式，都需要文学功底支撑起观点的表达。好的批评，并非佶屈聱牙、晦涩艰深，貌似博学多才，却失去了批评的意义；也并非使用方言俚语、土俗不堪，好像贴近大众，却失去了批评的权威。在论点正确、论证有力、论据充分、论述畅达的基础上，能够词华典瞻、蹙金结绣、沈博绝丽、哀梨并剪，达到风流蕴藉、春容大雅的境界，应当是批评家的追求。简单来说，也就是在“对”的基础上，追求“好”以至“美”。这是极为考验批评家的文学功底的。

虽然都是文化修养的重要组成部分，但生活阅历的积累和文化知识的积累是两条不同的路径：前者是经历的体悟，后者是文字的学习；前者面对的是无形的生活，后者面对的是有形的书本；前者的积累是“第一手”的，后者的积累则是“第二手”的。但两条路径是殊途同归的，播音主持批评家应当自觉地通过这两条路径不断提高自身的文化修养。相比很多领域的“专家”，播音主持批评家算是“杂家”，但是目标定位应是“全才”。播音主持批评家应当是一专多能的：“一专”是精通播音与主持艺术，“多能”则是掌握多学科的理论知识。一专多能的全才是一个极高的目标，但并非不可实现，需要以极大的热情、极强的毅力在播音主持批评这条并不平坦的道路上锲而不舍地执着前行。期待着这样的播音主持批评家的出现。

二、专业素养

播音主持批评家的专业素养可以分为两大部分，一是对播音主持艺术学理论的把握，一是对批评实践的驾驭。

(一)对播音主持艺术学理论的把握

1.扎实的播音主持基本功

刘勰在《文心雕龙·知音》中说："操千曲而后晓声，观千剑而后识器。"可见要学会一种技艺，并不是一件容易的事，非得经过艰苦的反复练习。对于批评家也是同样的道理，播音主持批评具有一定的专业性，缺乏专业素养的批评不可能获得阅听人和批评对象的认可，批评必须言之有物、言之有理，纸上谈兵是行不通的。播音主持批评家不一定胜任播音主持岗位，但一定要有较为全面扎实的播音主持艺术学的理论基础和实践经验的积累，正如毛泽东在《实践论》中所指出的："你要想有知识，你就得参加变革现实的实践。你要知道梨子的滋味，你就得亲口吃一吃。"播音主持批评家如果对播音主持艺术学一无所知，哪怕是一知半解，都不能建立起批评家的权威，更不会在播音主持批评领域有很高的造诣。

播音主持艺术学的理论体系已经初步建立，其主要内容大致可以分为普通话语音与发声、播音主持创作基础与有声语言表达、播音主持业务等几部分。在语音学中，对发音特点的了解，对声母、韵母、声调、语流音变的准确掌握，都是播音员主持人说好标准普通话的基础。在发声学中，口腔控制与吐字归音、呼吸原理与气息控制、制声原理与喉部控制、共鸣控制、声音弹性等都是科学发声、用嗓的基本要求。正确的创作道路、播音语言"三性""三感"的特点、备稿的意义、内部技巧和外部技巧的掌握、表达规律和语言功力的训练等都是播音主持创作基础的重要内容。在播音主持业务中，要全面了解不同媒介的特点与要求，要全面了解不同类型节目播音主持的特点与要求。看似几句话的简单表述,却是需要大学四年甚至硕士研究生、博士研究生期间的努力学习、刻苦训练以及专业实践才能基本掌握的。历数社会上对播音主持的指责,大多是“不明就里”的歪曲。比如对“播音腔”的批判和对“口语至上”的推崇,便是对播音的语言特色和美学内涵的无知以及对自然主义和形式主义的招魂。不了解播音语言的优良传统、神圣使命、人文内涵、审美取向的人,是没有发言权的。

以上所列举的部分播音主持艺术学的理论内容,并不仅仅是理论而已。播音主持艺术学是一门实践性很强的学科,甚至可以说是一门实践性学科。所有的理论都是从实践中总结、提炼出来、并再次指导新的实践的。实践是检验真理的唯一标准。只有在实践中运用理论,才能发现理论的正确与否、适用与否。对于播音主持批评来说,纸上谈兵只能是隔靴搔痒,在播音主持岗位上的亲身实践所带来的最直接的体会和感受,能够促进播音主持批评活动的开展。播音主持批评因为专业理论和实践的有形、无形的参与而更具说服力和权威性。

2.敏锐的审美感受力

绘画、音乐、雕塑等艺术形式是单纯的表现,而播音与主持艺术是一种视听综合的艺术,画面、声音、文字等要素共同完成传播的任务。因此,播音主持批评家对批评对象的感受,便不限于某一种要素的感受,而是需要多角度的全面的感受。这种感受既是专业素养的一部分,也是建立在文化修养和专业基本功之上的。敏锐的感受力是播音主持批评家一个最基本的条件,如果连播音员主持人穿搭的美丑、语音的对错、内容的高下都不能感受出来,一切便都无从谈起了。所以细分下来,播音主持批评家的感受力还包括形象感受力、语音感受力、语言感受力等诸多方面。

“声形俱佳、德才兼备”是播音与主持艺术专业选材的标准,也是人才培养的标准。随着时代的发展、传媒的发展,“声形出众、德才超群”应当成为新的标杆。“声”和“形”都是最为直观的感受。比如,因为王凯、孟非等几位著名主持人以光头的形象成名之后,电视荧屏上一度充斥着光头的主持人,甚至有些电视台为了“夺眼球”“炒话题”，让原本“一头秀发”的主持人硬是剃成光头。这种邯郸学步、东施效颦的行为实在幼稚可笑。他们没有看到某个节目成功或某个主持人成功真正依靠的是什么。各级电视台“光头”充斥荧屏，令人不禁要问：美感在哪里？必要在哪里？再比如，杭州电视台的方言节目《阿六头说新闻》火了，不仅受到了阅听人的喜爱，还赢得了专家的青睐，获得“中国十佳电视民生新闻栏目”的称号。从此各级电视台的方言节目如雨后春笋纷纷涌现。方言节目可以存在，因为方言是某个区域人们的天然纽带，阅听人对其有天然的亲切感。用方言播新闻一定程度上是有利于“教育和鼓舞广大人民群众”的。但是，方言节目不能过多过滥。《宪法》中明确规定：国家推广全国通用的普通话。国务院批准，每年 9 月的第三周为全国推广普通话宣传周。播音员主持人是国家通用语言的示范者，理应成为推广普通话的典范。字正腔圆是播音员主持人的基本要求。面对这些现实问题，播音主持批评家应当能够敏锐地感受到、并且应当明确指出问题所在。唯有如此，才能为播音主持事业的发展纠偏、助力。

3.睿智的艺术判断力

审美感受力只是最初级的感知觉的形式，而艺术判断力则是在此基础之上更为理性的评判。这种评判理性、系统、一针见血、一击即中；同时，这种评判基于批评家的文化修养和专业素养以及审美情趣、艺术观念等，对评判对象进行全面、系统的分析、评价和定位。播音员主持人的有声语言传播总是有一定目的的，或传递信息、或娱乐大众、或提升素养，但是很多时候这些目的不是直接说出来的，而是蕴含在节目之中的，这就需要批评家一方面挖掘出其中的“话外音”“内在语”，并作出分析和判断，另一方面研究这样的节目“蕴藉”形式是否合理、是否巧妙、是否达到了预期的传播效果。

从类型上看，艺术判断力大致可以分为美感价值判断力和思想价值判断力，也就是对批评对象外在和内在的艺术判断。从外在来说，批评家要在把握基本的批评标准的同时，注意批评对象的独特风格，这又可以细分为时代特色、民族风情、个性魅力等，不能一概而论、一棒子打死；从内在来说，批评家要能够准确判断出批评对象在思想、文化等方面的价值以及在社会教化中的作用。这二者必须紧密结合、相辅相成、缺一不可,共同构成播音主持批评家的艺术判断力。

(二)对批评实践的驾驭

1.善于发现

面对纷繁复杂的批评对象,从何种角度切入、从哪个方面批评,是对播音主持批评主体发现能力的考验。批评家应当具备敏锐的"发现之眼",以自己独到的理解和体验,深入发掘批评对象未能被阅听人所发现的深层含义,甚至连播音员主持人都未曾明确意识到的内在蕴藉。具体来说,这种发现大致包含这么几个方面:首先是对播音主持作品或播音员主持人的长处和不足的发现和评价,其次是对播音主持作品风格或播音员主持人个人风格的提炼和解读,最后是对一些普遍性问题以及规律性特征的总结和归纳。缺少发现的播音主持批评必然是苍白的、无力的、缺乏生机的、没有价值的。播音主持批评主体理应锻炼并具备发现的能力。

2.工于审美

审美创造不仅对播音员主持人十分重要,对播音主持批评家同样不可或缺。播音主持批评从某种角度来说也是一种审美评价,是批评家审美意识、审美取向的展现。批评家的批评中蕴含着审美评价,无论是播音员主持人还是阅听人接受了批评,便是接受了这种审美意识和审美取向。因此,其对大众的审美有着潜移默化且难以估量的重要影响。批评家一定要树立正确的、高品位的美学意识,保证所做的批评能够对大众产生积极的、正面的影响,促进播音主持艺术学发展,促进社会文化艺术发展。批评家的审美创造可以从两个方面来看,一方面是审美趣味,批评家不能完全按照个人的喜好偏向品评对象,批评创作应具有广泛的包容性和一定的权威性;另一方面是实践中的审美把握,也就是在批评中创造艺术意境、开拓批评语境。批评家的批评创作应逐渐形成自己独特的批评风格,这是批评家个性的展现,也是成熟的标志；批评家还应注重丰富并发展批评内涵、营造并拓展批评语境，眼光独到并长远、批评丰赡且大气。

3.长于理论

播音主持批评家长于理论，不仅是指批评家对理论的掌握和运用，更是指批评家在批评实践中对理论体系的构建能力。批评家在艺术感受、审美判断的基础上，把复杂的外在现象和深刻的内在感受进行理论化的梳理和提炼，这不仅是对批评家对已有理论知识掌握和运用的考验，更是对批评家对全新批评对象所表现出的复杂现象和深刻内涵进行整合、构建能力的考验。播音主持艺术学理论是不断发展的，播音主持批评的理论体系也是不断完善的。批评理应是走在学科发展的最前沿，如果批评所使用的理论、所整合的观点已然“老生常谈”，那么便失去了活力和意义。因此，批评家一方面要不断学习、扩充自己的理论知识，一方面还要在批评实践中不断进行新的理论体系的提炼和构建。只有如此，播音主持批评才能不被不断发展的理论所淘汰。

三、道德涵养

除了具备深厚的文化修养和专业素养，播音主持批评主体还应具有良好的道德品质和人格修养。中国人历来重视文艺创作者的德行，“字如其人”“文如其人”“闻乐知德”等，无不体现着对道德、人格在文艺创作中重要性的指示。播音主持批评家同一切学科的批评家一样，也都应该具备优秀的思想道德素质和高尚的人格魅力。拥有了文化修养和专业素养，可以成为一名合格的播音主持批评家；但是只有同时拥有美好德行和人格的人，才能成为一名杰出的批评家。这里所说的道德涵养大致可以从以下几个方面来解释。

（一）提升自我

播音主持批评家掌握一定的话语权，并且这个话语权具有较为普遍的代表性，因此，批评一定是公正、公平、无私的，否则便失去了公信力和权威性。批评家在面对批评对象之前，首先要面对的是自己的内心。批评家应当审视自我，看自己的内心世界是否纯净无私、看自己的精神世界是否高尚纯洁，努力扫清心底的阴暗角落和精神的灰暗地带，将播音主持批评建立在客观公正的基础之上、建立在良好的职业道德基础之上。

播音主持批评家应当不断提升自我的精神世界，这种精神气质会反映在批评家的批评中，决定批评品格的高下。这种精神气质最主要体现在批评家积极进取的意志和坚韧不拔的品质上。面对各种类型、各种层次的批评对象，批评家一定要以挑剔的眼光进行评判，因为批评家的眼中是没有"完美"的。只有秉持负责任的批评态度鉴别鱼龙混杂的批评对象，那些"南郭先生"才无处遁形，那些平庸甚至低俗之作才难以存活。如果丧失了敢于直言、勇于批评的精神，如果不能坚守批评的阵地，好的作品、现象难以伸张，不好的作品、现象却潜滋暗长，播音主持事业必然泥沙俱下、难以为继。

很多时候，批评家想要坚守自己的精神家园并非易事。面对物欲横流的现实社会、面对功利现实的学术领域，太多随波逐流、因循守旧之人。批评学的重要价值之一就是站在学科发展的风口浪尖，以高屋建瓴之势、拔山举鼎之力，为本学科的发展指路引航。相信自我、坚持真理、不迷信权威、不屈于权利、不党同伐异、不沽名钓誉，如此种种，必能为批评家提升精神气质，为批评增光添彩。

（二）忠于批评

播音主持批评家在进行批评活动的时候，应当具有高尚的职业操守，对批评对象负责，对广大的阅听人负责，对播音主持批评负责。

播音主持批评家和广大的普通阅听人一样，都是播音主持作品的接受者，只不过其承担着相对专业的批评职业、是阅听人的代言人。因此，批评家首先要对阅听人群体负责，将他们的整体价值取向和自己的批评有机结合，让自己的批评有基础、有支撑、有说服力、有普适性。如此，播音主持批评才能促进播音主持艺术学的发展、影响社会文化的发展，进而提升大众的整体素质。但是值得注意的是，由于社会发展程度、大众受教育程度等因素的影响，不少审美趣味恶劣、格调品位低下的节目充斥媒体并且受到不少阅听人的喜爱和追捧。面对这样的现象，批评家不能放弃自己的主体人格和审美追求，要以积极进取的意志和坚韧不拔的品质明确指摘、大胆鞭挞。唯有如此，批评的功能才能有效发挥。

播音主持批评家同样应该对批评对象负责。播音员主持人的创作活动和播音主持批评活动存在矛盾关系，因为后者总是要“批评”前者。但这并不意味着二者就是敌人、对头，相反，二者应该是和谐共处、优势互补、共同进步的关系。有价值的批评会对播音员主持人的下一次创作提供重要的参照，形成良性的推进，最终推动播音主持艺术学的发展，推动社会文化艺术的繁荣。批评家要平等对待每一位播音员主持人及其创作的作品，不能因为自己拥有批评的“话语权”而颐指气使、区别对待；播音员主持人也不能因为自己拥有媒介的“话语权”就轻视批评家的批评，对其不屑一顾。前者的真心评价和后者的虚心接受才能促进共进共荣。

另外，播音主持批评有业余评论、艺术鉴赏、学理批评等几大类，涉及普及层次和专业层次。不管是哪个类别、哪个层次的批评家，都应当站在时代的、理论的最前沿，探究播音主持艺术学的发展规律、理论走向。批评家们应当尊重自己、尊重同行，共同为播音主持艺术学的发展保驾护航。

(三)追求真理

播音主持批评家应当在批评活动中坚持追求真理、敢于修正谬误。在批评活动中，批评家应当用先进的而不是落后的理论思想来认识批评对象，始终以无畏的理论胆识坚持真理的指向。同时，一旦当自己的批评出现偏差或谬误的时候，还应当以同样的胆识敢于纠偏、勇于改错，不能因为抱残守缺而故步自封，不能因为讳疾忌医而文过饰非。优秀的播音员主持人一定会对批评家的正确批评虚心接受、努力修正，而优秀的批评家同样应当直面自己的错误并努力改正。人无完人，只要有追求真理的勇气，所犯错误便只能是前进的助推器,视而不见、怙顽不悛才是进步的绊脚石。批评家应当理解播音主持作品的深刻内涵,洞悉阅听人的审美意愿,代表先进文化的前进方向,认真对待批评对象,审慎提出批评意见,坚持真理、修正谬误,为播音主持艺术学和中华文化的发展繁荣贡献力量。

第四节 播音主持批评主体的问题

播音主持批评处于刚刚起步的阶段,专业的批评家尚未出现,但仍可以其他学科的前车之鉴,来指出存在的问题。在以上的行文中已经或多或少地提到了播音主持主体可能会出现的一些问题,下面做一个简单的归纳小结。

一、缺乏责任

美术批评家李小山说过:批评就是分析,批评就是鉴别,批评就是见好说好、见坏说坏。如此简单的道理,人人都懂,却不是人人都能做得到。面对当下令人眼花缭乱的广播电视互联网新媒体各类节目,不少批评者所进行的批评却是不负责任的盲目吹捧。有些播音主持作品低级、庸俗,本难登大雅之堂,却被大肆渲染、吹捧,吸引了阅听人的目光,并且像病毒一样在各级各类媒介迅速繁殖、增长。而一些优秀、高雅的作品却得不到应有的重视,最终被遗忘在角落中。长此以往,不仅播音主持批评的功能得不到彰显,甚至会给播音主持事业、文化事业以及广大的阅听人带来负面的影响。

除了盲目吹捧,还有一种缺乏责任感的表现便是批评缺席。这里的缺席一方面是在本该进行批评的时候,却因为对各种影响力的忌惮,选择闭口不谈。沉默便是纵容,恶劣的影响是难以估计的。另一方面是虽然看似批评,但实质上却是满口假话、空话、套话,虽不触及根本,只是堆砌辞藻、泛泛而谈,却形成了妙语连珠、云山雾罩的虚假繁荣之象。这样的批评者只能是播音主持事业的寄生虫,如不引起重视,必将引起无穷后患。

二、追赶潮流

社会经济文化的发展催生媒体的蓬勃,时代性、前沿性是其固有特征,与之密不可分的播音主持批评同样如此。创新是进步的灵魂,播音主持批评发展的动力也在于创新。求新求变无可厚非并且是值得褒扬的,但是,在创新的同时要注意人类所固有的文化心理、情感取向、审美追求等,不能一味地为了新而新,不能一味地赶时髦、求怪异。否则不但起不到对播音主持事业的促进作用,还会引领错误的导向,最终失去的是批评家宝贵的话语权和权威性。

三、追逐利益

市场经济的发展对各行各业的促进是不容置疑的,但是经济大潮的冲击力也不得不引起我们的重视。播音主持本就年轻,播音主持批评更是刚刚蹒跚学步,面对繁华喧嚣的各类媒介以及播音主持事业,自控能力可能不那么强大,更加需要批评家坚守崇高的职业道德和精神追求,不能因为利益的驱使就成为夸张宣传的制造者或不实舆论的鼓吹者。另外,批评家还应当摒弃"同行是冤家"的错误观念,面对播音主持批评事业,要心往一处想、劲往一处使,同心同德、群策群力,共同推动播音主持批评的发展繁荣,共同为社会主义文化强国的建设添砖加瓦,不能因为个人得失而影响大局。

06 第六章 播音主持批评客体论

“播音主持批评”不仅仅是对播音主持活动的批评,而是对和“播音主持”相关的一切人(播音员主持人)、活动(播报新闻、主持节目)、作品(节目、有声语言作品)、理论(播音主持艺术学相关理论)、现象(播音主持领域出现的新现象)、思潮(播音主持艺术学相关学术思潮)等事项的解释、分析、判断和评价。因此,可以这么说:播音主持批评研究的客体即对象,是以播音员主持人为主导,通过新闻播报、节目主持等播音主持活动所最终呈现的蕴含着播音主持艺术学相关理论、体现着播音主持领域现象和思潮的有声语言作品。播音主持批评研究立足于播音主持的有声语言作品,人、活动、理论、现象、思潮等事项均可在作品中呈现。但是在进行理论梳理的时候,还是有必要将这些具体的事项分门别类地逐一阐述。

第一节 播音主持批评客体的构成

播音主持批评的客体即对象由播音主持作品(终极对象)、播音员主持人(核心对象)、阅听人(对象之对象)、播音主持现象和播音主持思潮(重要对象)以及播音主持基础理论和播音主持批评理论(重点对象)等五大部分构成。

一、播音主持作品

一切由播音员主持人用有声语言进行创作并经过制作最终形成的相对完整的物化形态,都可以被称为播音主持作品,都可以被纳入播音主持批评的视野当中。这里强调了"相对完整",主要说明两点:第一,如果是类似于"金话筒奖"等奖项的评选,一般会要求提供完整的一档节目、一期节目或一台晚会的播音主持。播音主持批评,一方面应该从大处着眼、从整体出发,客观、全面地评价播音主持作品和播音员主持人的表现;另一方面不能忽视问题、差错,因为小错误可能会反映大问题,绝不能因小失大、掉以轻心。第二,播音员主持人应该在整个节目或作品中担任主播、主持人或起主导作用,而当下很多综艺节目,更多的是凸显节目的创意和模式,用新鲜的构架和别致的内容来吸引阅听人,有的还有嘉宾的热烈参与,而其中的主持人只是起到"串场""介绍"的简单作用,因此这样的节目严格来说不能算是某位播音员主持人的作品。

播音主持创作是一项精神活动,无论是对稿件的写作、理解,抑或是以自己的理解对稿件进行表达,都是播音员主持人经过深思熟虑、调动真情实感、蕴含审美追求的艺术化的表达。这种表达不是与生俱来的、不是凭空出现的,而是受到各种因素影响的呈现,这里的各种因素可以用“生活”一词来大致概括。上文已经说过,现实生活是一切文学艺术创作的基础和源泉。播音员主持人是某个时代、某个民族、某个阶级中的一员,播音主持创作离不开社会生活,并且受到社会生活的制约。因此,在作品背后所蕴含的丰富深刻的社会历史文化内涵,便需要播音主持批评解读出来。但是,仅仅关注“内在”还是不够的。不同的播音主持作品有各自不同的节目特点和传播功能,也具有不同的节目形态和表现形式。当下节目尤其是综艺节目越来越注重对形式的创新。因此,在进行播音主持批评的时候,既要挖掘作品所蕴含的思想感情和主旨内容,又要注重研究作品的表现形式、传播技巧,这样才能由表及里、由此及彼地深入揭示作品。批评主体由于个体的差异,对相同的播音主持作品进行批评的时候,可能会有不同甚至相反的观点。因此,播音主持批评家要观照播音主持作品的外在形式、内在追求以及播音员主持人的主体表达等多个方面,不能片面研究其中某一个因素,而应力求全面地表现播音主持作品的风貌。

二、播音员主持人

从某种意义上来看,播音员主持人和播音主持作品是“难舍难分”“血肉相连”的。因为播音主持作品必须由播音员主持人的有声语言表达出来才是完整的;而之所以成为播音员主持人,是因为他们必须以有声语言来表达内容。相比较而言,播音主持作品的面最为广泛,因其包含了一切和播音主持相关的事项;“播音员主持人”则相对具体,在这里着重评价的是播音员主持人的表现。

播音员主持人是播音主持批评的客体,正是因为有了播音员主持人的有声语言的传达,才有了丰富多彩的节目的呈现,才有了文化的繁荣。播音员主持人的创作具有至关重要的作用,是播音主持作品最重要的创作者和生产者。没有他们，再好的作品也不能展现出来，也正是因为有了他们，作品才能更好地展现、阅听人才能欣赏、批评家才能评论。播音员主持人以自己丰富的感情运动、娴熟的表达方法、自如的播音状态、深厚的语言功力，经过艰辛的精神劳动、精彩的二度创作，将自己对稿件、节目的认识，对生活、人生的思考，在具体的作品中呈现出来。这些都是播音主持批评家需要研究、分析和评价的内容。通过对播音员主持人的专业能力、创作方法、创作技巧、创作风格、审美取向等因素进行全面的分析和评价，最终形成播音主持批评家的研究结论。比如张颂在《"字正腔圆"的艺术风范——简论夏青的播音艺术》①一文中，便是从夏青的播音语言特色出发，既将"字正腔圆"作为研究夏青播音艺术成就的起点和归宿，又探究"字正腔圆"更为深刻的内涵，认为这理应成为中华民族语言艺术的风范。作者用"典型"来映射"普遍"，"以小见大""以点带面"地形成自己的研究结论。

和作品有所不同，批评家在对某个播音员主持人进行评价的时候，可以不必追求面面俱到，选择的角度和方式可以是灵活的，比如就语言特色、审美追求、艺术风格等某一个方面重点进行批评，当然也可以对其做全面的剖析和评价。比如上面提到的文章，便是针对夏青的播音语言特色所做的分析，以"字正腔圆"入手，起到挂一漏万之效。无论采取何种方式和角度，无论是"整本大套"还是"略窥一斑"，切口可大可小，但分析研究需全面。我们要注意社会环境、时代特征、地方特点的重要影响，要注意创作成效、艺术特色的全面把握，使得播音主持批评更加客观、公正。

播音主持是"二度创作"，无论"一度创作"是详尽稿件还是概要提纲，都要经由有声语言进行传播。无论播音员主持人还是批评家，都应该对稿件、节目的意趣、主旨进行深入理解。播音员主持人所要考虑的是如何将二度创作进行得更加贴近、贴合，而播音主持批评家所要关注的则是播音员主持人是否将信息事实、美学理念、文化理念等进行了合情合理的二度创作表达，并且在作品中熔铸了多少个性化、风格化的诠释。在面对当下的稿件

① 张颂.播音主持艺术论[M].北京：中国传媒大学出版社，2009：327-329.

时，创作主体可以通过多种方式（包括向创作者本人请教）去了解其中的精神实质；但是如果面对的是历史文本，比如流传至今的名诗佳词、锦绣文章，播音员主持人和批评家在进行创作的时候缺少一度创作者的指引，只能深入探寻稿件中所蕴含的历史、文化、社会、美学的意蕴之后，才能进行到位、深刻、具有创造性的表达和批评。比如，在中国共产党第十九次全国代表大会开幕的时候，中央电视台新闻频道对此进行滚动播报，每个整点时段的播音员主持人面对的都是同样的稿件，但每个人的处理也不尽相同。稍加对比便可发现，新闻播音员和节目主持人的不同、播音与主持艺术专业出身的播音员和非专业出身的播音员的不同。具体的优劣高下的评价有待播音主持批评家进行全面、深入的研究、批评。

三、阅听人

播音员主持人肩负传递信息、传播文化、引领提升的职责和使命。播音主持艺术的功能能否实现，完全在于阅听人是否接受。播音主持艺术是社会历史文化发展的产物，是现代传媒发展的产物；播音主持创作是一种艰辛的精神劳动，饱含社会价值、文化价值、艺术价值、审美价值。阅听人的欣赏是播音主持作品完成的标志，使得播音主持作品完成了从“生产”到“消费”的全过程。

欧洲在20世纪60年代兴起接受美学理论和读者反映批评，都是将欣赏者放在了最为重要的位置，将欣赏者以自身生活经验、兴趣爱好、文化修养、艺术追求等对文学艺术作品所做的再加工、再创造，看成是文学艺术作品不可或缺的重要组成部分。阅听人不是上帝，也不是群氓，播音员主持人既不能迎合、媚俗，也不能孤高、自傲。平等交流是立足点，“灌输”与“满足”是方式。因此，无论“接受美学”还是“读者反映”，我们都应当借鉴其“重视欣赏者”的正确观点，而不能全盘照搬，走“欣赏者最大”的极端。

播音主持艺术的阅听人是一个极为广大、复杂的群体，东西南北、男女老幼，人生观、价值观、审美观、是非观、生活经历、教育程度、兴趣爱好、道德修养等方面差异极大，播音主持批评必须以提高阅听人的文明程度、文化水平、道德操守、生存质量为己任，逐渐引领他们从低层次向高层次提升。面对复杂的阅听人群体，播音主持创作的方向也有所不同，有高雅也有通俗，有普遍也有特殊，但是都是殊途同归的。通过对阅听人群体的欣赏趣味、欣赏取向、欣赏心理、欣赏潮流的考察，播音主持批评一方面可以为播音主持创作提供反馈和导向，另一方面可以帮助阅听人了解自身特点、提高欣赏水准。播音主持批评为创作者和欣赏者提供互动的平台、架起交流的桥梁，推动播音主持事业走上良性循环的发展道路。

四、播音主持现象和播音主持思潮

“现象”或“思潮”是中性词，并无褒贬、优劣之分。它们体现在播音员主持人的播音主持活动中，最终呈现在播音主持作品中。无论什么样的现象、思潮，都是播音主持批评的对象。播音主持现象和播音主持思潮基本可以同论，二者有交叠、重合之处，但也各有侧重：相对而言，前者更多地体现于播音主持的实践中，后者则更多地表现在播音主持的理论中。无论是现象还是思潮，都会在书面的理论中和播音员主持人的实践中体现出来，其中播音员主持人的实践则是最为集中的展现。比如在 1998 年的春天，陈鲁豫在《凤凰早班车》中首创“说新闻”的播报样式，和正统的新闻播报语态大相径庭。她直接参与新闻的挑选和编排，在消化、理解之后用自己的方式表达出来，既没有传统新闻语言的僵硬模式，也不完全是日常口语，亲切大方、自然稳重，这种“说新闻”的模式很快就在各级广播电视媒体风靡开来。广大理论家、学者、播音员主持人对这一现象的思考、探讨、争论也是热火朝天。

对播音主持现象和思潮的批评，不是就事论事、就现象说现象，而是需要对现象背后的深层内涵进行挖掘。这种挖掘不仅要关注某种现象或思潮在播音员主持人身上、理论家身上的体现，还要深入研究引起这种现象和思潮的根源是什么，要努力揭示其本质、总结其规律、预测其方向，对其作出正确的判断。正确的、有益的、符合历史发展规律的现象和思潮需要批评家大加赞扬、助力推广，而错误的、有害的、违背历史发展规律的现象和思潮则需要批评家仗义执言、及时纠偏。只有这样，才能保证播音主持事业的健康发展，才能保证阅听人不被误导。再举“说新闻”的例子。陈鲁豫当时选择这样一种播报方式，原因应该是多方面的，既和当时社会整体求新求变的氛围有关，也和以《东方时空》《焦点访谈》《新闻调查》等为代表的新闻节目语态的改革有关；既和香港的媒体环境有关，也和凤凰卫视的主导思想有关，还和主持人自身的条件相关。一般来说，播音主持现象和思潮产生的情况比较复杂，是各种因素综合作用的结果。因此要对其进行批评，一定要掌握充分的资料、花费较长的时间、投入巨大的精力进行深入的研究，不可轻言妄言、草率批评。

五、播音主持基础理论和播音主持批评理论

播音主持艺术学经过近六十年的学科发展，理论体系日渐成熟，并且随着社会和媒体的发展，还在不断前行。以播音语音、播音发声、播音创作基础、节目主持艺术、新闻播音、广告配音、影视配音等课程为代表的本体研究在播音主持的创作实践中不断发展；以播音主持教学法为代表的播音教学研究、以播音主持心理学为代表的播音主持跨学科研究以及播音史等相关领域的研究也是大辂椎轮、初现锋芒。基础理论对播音员主持人的培养具有至关重要的作用，播音主持批评是在应用、实践的层面上对基础理论进行批评、检验，对基础理论具有一定的补充、指正、引导作用。

播音主持批评对和播音主持相关的一切事项进行研究、评价，而播音主持批评也是一种既存事实，也需要进行研究、评价。播音主持批评本身也是批评的对象，“批评”和“自我批评”都是事物发展所必需的。对同一个播音员主持人或同一件播音主持作品或同一个播音主持现象，不同的播音主持批评主体会有不同的认识，仁者见仁，智者见智，从而形成观点的交锋、理论的争鸣，这是对一个学科发展具有良好推动作用的现象，必须大力提倡和弘

扬。播音主持批评要建立在科学正确、实事求是、有理有据、以理服人的基础之上,不能因为“同行”就“相轻”,也不能因为“权威”就“迷信”。不同观点的碰撞,不仅能擦出理论的火花,还有可能形成新的播音主持思潮、成为新的播音主持现象,为播音主持艺术学的发展平添动力。因此,无论播音主持基础理论还是批评理论,都需要在实践中检验和发展,都需要播音主持批评的批评。

另外,播音主持批评主体也是播音主持批评的对象。播音主持批评主体是批评活动的参与者、是播音主持的研究者,本身就是播音主持事业的一个重要组成部分。批评主体的批评意见反映了他们的文学修养、专业素养和道德涵养,通过对其研究可以了解批评主体的现状、分析批评主体批评的权威性,并且可以全面认识播音主持批评事业的发展现状。

第二节　播音主持批评客体的问题

“播音主持作品”需要一定的界定,不是有播音员主持人参与的都能算作播音主持作品。播音主持批评主要研究播音员主持人担任主播、主持工作或起主导作用的播音主持作品;那些主持人只是起介绍、简单串场作用的节目,批评的着眼点便只在于主持人的仪容仪态、发音吐字等是否合格、优秀,而不能将其作为某位主持人的“作品”来进行研究。

研究播音主持批评,播音员主持人处于播音主持批评客体即对象的核心地位,没有播音员主持人有声语言的传播,一切便无从谈起。纵观当下播音主持事业的现状,有不少问题值得关注。这其中既有久治不愈的顽疾,也有层出不穷的新病。以下主要从播音员主持人的角度入手,对语言随意化、外形夸张化、全面娱乐化等普遍性的问题进行剖析,以期既能对当前播音员主持人起到提醒之用，也能对未来从业者起到警示之效。

一、语言随意化

播音员主持人是标准普通话的示范者和推广者，理应说标准的普通话，这是成为一名合格的播音员主持人的基本要求。国家明确规定，国家级和省级电台电视台的播音员主持人需持普通话水平测试一级甲等证书上岗，市县级电台电视台的播音员主持人普通话水平则需达到一级乙等以上。但是纵观各级各类媒体，有些播音员主持人的普通话水平根本无法达标，还有一些主持人虽然持证上岗，但故意使用地方色彩浓重的普通话，语流中夹杂方言、外文，对国家通用语言文字的推广造成了损害。

这里所说的语言随意化，可以从形式和内容两方面来理解。从形式来说，主要指播音员主持人使用地方色彩浓重的普通话，这有两个重要表现，一方面受港台普通话的影响，一方面受方言的影响。从内容来说，一些主持人的语言，已然放弃了汉语词约义丰、韵律悠扬的特点，将大众传播语言沦为人际交流语言，语言缺少功力，表达没有技巧，甚至向低俗、媚俗、恶俗的语言靠拢，还自以为美、自以为奇。这不仅是“受众中心论”的泛滥，更是主持人文化底蕴的薄弱、文化自觉意识的缺失。

针对这些不良现象、不正之风，国家广播电视总局早在多年前就发文进行批评和指导，多年来始终进行监督和纠偏。这样的现象虽说不是愈演愈烈，但也始终未能完全杜绝。早在 2004 年，国家广播电视总局就展开了广播影视“净化工程”，除了对电视节目内容加强控制外，还对有极强引导性的主持人提出了要求：主持人不要以追求时尚为由，在普通话中夹杂外文，不要模仿港台地区的表达方式和发音。2014 年初，国家新闻出版广电总局便发出通知，要求广播电视节目规范使用通用语言文字，在推广普及普通话方面起到带头示范作用。通知要求，播音员主持人除节目特殊需要外，一律使用标准普通话。不得模仿地域特点突出的发音和表达方式，不使用对规范语言有损害的俚语俗词等；用词造句要遵守现代汉语的语法规则，避免滥用生造词语和不规范网络用语；要规范使用外国语言文字，不在普通话中夹杂不必要的外文。

综艺娱乐节目可以说是这些问题的“重灾区”，对此，播出机构应当及时提醒和纠正；另外，面对创作失范，播音主持批评不能失语，应当及时针砭、引导方向。综艺娱乐等类型的节目和新闻节目有所不同，它们更轻松、更“娱乐”，主持人的语言相比较也更为自然、生动，具有更强的情感性、交流性和个性化特征。优秀主持人的语言既规范又有自己的特点，比如沈力的亲切、真诚，倪萍的质朴、谦和，周涛的端庄、大气，李咏的机智、幽默，比如王志的睿智、犀利等。综艺娱乐节目主持人应当在节目中使用标准的普通话，同时具备一定的语言能力，这种能力便是对方言的模仿能力、对外语的掌握能力以及规范语言的语用能力。揪音员主持人只要有规范意识、导向意识，便会自觉使用标准的普通话，有些问题或许就不成问题。比如，若是在节目主持的进程中，于适当的契机、必要的时候进行一些方言词汇的穿插（并进行适当的解释），有可能会达到更好的节目效果和传播效果，对方言这一非物质文化的保护与传承也是有所裨益的。

和使用带有浓重地方色彩的普通话的“不规范”不同，方言节目所使用的则是“规范”的方言。2004 年元旦，杭州西湖明珠频道推出了一档用杭州方言播报，并加入表演、说唱等形式的新闻节目《阿六头说新闻》，因其成功，各级各类媒体争相模仿，纷纷开办本地方言节目，开方言新闻之一时风气。蜂拥而至的方言节目鱼龙混杂，有的纯粹是跟风模仿，有的内容乏善可陈，使得各级媒体这一推广国家通用语言文字的阵地受到了破坏。因此，国家广电总局出台了相关政策对方言节目进行管控。诚然，方言蕴含着丰富的地域文化，拥有不可为外人道的心中灵犀；但是方言是桥也是墙，对听得懂的人来说是亲近，对听不懂的人来说便是隔阂，这就无形中抹杀了媒体团结最广大人民的重要功能。真实、客观是新闻的基本原则，但是方言新闻节目容易因为追求“硬新闻软着陆”而失去中正立场，趋向主观表达。方言节目由于取材范围有限，容易陷入街谈巷议、捕风捉影、闲言碎语、家长里短的泥淖中不能自拔，使得本就琐碎的生活更加琐碎，将“民生”幼稚化、庸俗化。

另外，方言节目主持人更倾向于说书人的角色，本来用普通话三两句话就能说明白的事情，却要用长篇大论的车轱辘话、口水话来滔滔不绝、喋喋不休，看似幽默、亲民，实则多余、浪费。方言节目如实有必要可以存在，但不能多，更不能滥，既要坚守媒体的规范意识、导向意识，还应在团结方言区人民、保护方言区独特文化方面尽到应尽的职责。

现在欧美国家的一些电视台挑选中文节目主持人的时候也有要求——不要"港台腔"。比如美国的中美电视中文频道开播的时候，就派人专程到北京挑选优秀的主持人。以前美国各个电视台中文频道的主持人都在美国招选，多数是当地华人。但随着美国电视行业竞争愈加激烈以及中国内地移民的增多，观众的要求也越来越高，他们除了对电视节目风格有自己的要求，对主持人的普通话是否纯正也有要求。调查结果表明，随着中国经济的迅猛发展，来往中美之间的中国人越来越多，多数阅听人已经越来越不愿意接受港台味儿太浓的普通话主播。这样的取向值得所有播音主持从业者和研究者深思。

二、外形夸张化

国家广电总局早在多年前就对播音员主持人的衣着打扮提出了严格的要求：主持人着装应该充分考虑全社会特别是未成年人的审美情趣，切实做到高雅、端庄、稳重、大方，不能因过分突出个人风格而标新立异、哗众取宠，不能为追求所谓的轰动效应而迎合低级趣味。主持人不宜穿着过分暴露和样式怪异的服装，发型也不宜古怪夸张，不宜将头发染成五颜六色；不要模仿不雅的主持风格，也不要一味追求不符合广大观众特别是未成年人审美情趣的极端个性化的主持方式，更不要为迎合少数观众的猎奇心理、畸形心态而做出极尽夸张怪诞的言行与表情。主持人还要注意避免佩戴、穿着带有明显不良含义的标识图案的服饰。这样的规定出台已近二十年了，但是当下的媒体主持人是否都做到了，打开电视便有了答案。出现这样的情况，不仅说明有些媒体、播出机构失职了，没有对节目和主持人进行有效的监管;还说明播音主持批评失语了,面对这样问题,没有及时地进行批评和引导。

中西文化自然是有差异的,有些方面甚至是冲突的。应当正确对待外来文化,既反对全盘西化、照单全收,也反对敝帚自珍、裹足不前。全球化的大背景下,跨文化的相互交流和相互借鉴是不可避免的,也是极其必要的。现代传媒作为各种文化的窗口,既向他人展示自己优秀的传统文化,也在吸收、运用着他人的文化。但是当下的广播电视等媒体,“敝帚自珍”的少,“崇洋媚外”的多。很多电视节目,尤其是娱乐节目,都是直接买来域外的节目类型、节目创意,或是简单改造,或是原封不动,便呈现在中国的电视观众面前,展示的是自然主义的丑陋、后殖民主义的渣滓;而有些节目主持人更是以模仿为荣,殊不知只是东施效颦、邯郸学步,画虎不成反类犬。不少主持人满口洋腔怪调,身着奇装异服,全然不顾中华文化的优秀传统,公然挑战中国观众的心理底线,不仅没有文化、没有品位、没有格调,甚至以丑为美、吸引眼球。这并不是排斥域外文化或者西方文化,我们应当以理性平和的心态来对待这些外来文化,取其精华、去其糟粕。不仅要“引进来”,更要“走出去”,要不断增强中华文化的国际影响力。只有和而不同、取长补短,形成多元文化和谐发展的格局,才能促进媒介健康、繁荣,才能提升全民族的文化素养,助推文化强国的建设。

当今世界,媒介繁荣,新媒体的发展更是突飞猛进、日新月异。在经历了购买影视剧、电视节目进行播放的阶段后,新媒体开始转向影视剧和节目的制作。网络视频平台对影视剧的制作从形态上来说已经基本由“微”逐渐向“巨”转型,而网络自制节目基本仍以“小、微”为主。除综艺类节目外,言论类节目成为当前网络自制节目的重要构成,这类节目大致具有如下特点:一是制作成本低,不需要传统媒体精密复杂的演播室,找个空间,架起摄像机,便可以开口说话了;二是节目内容杂,高至历史文化、政治经济、天文地理,低到稗官野史、娱乐八卦、趣闻轶事,几乎无所不包;三是语言口语化,这种口语化既指大量使用官方媒体所不能使用的俚语俗词、生造词语、网络用语、外文词语等,还指语言的极度生活化、琐碎化,冗余、啰唆和现实生活别无二致；四是表现随意化，这些节目中的"主持人"有的趴在桌子上，有的双臂抱在胸前，有的跷着二郎腿，还有的带着极具私人化特点的饰品和佛珠，都是极端随意化的表现；五是知识搬运工，主持人所传达的内容并非完全是属于自己的，有自己思考的成分，也有拼凑或者说是整合的部分，它们所起的作用并不是告诉你知识，而是告诉你"我"所知道的是这样的，"你"该去自己看书、学习，寻求你的看法。新媒体发展势头强劲、群众基础好，但是我们应当有更高的标准和要求，而不是一味地从各方面"低就"阅听人。网络不是"法外之地"，播音员主持人有其应有的素质，也当为网络文化、媒介文化、民族文化、国家文化的发展肩负起相应的职责。与此同时，播音主持批评理应将目光投向这一全新的领域，为其发展提供学理的引导。

三、全面娱乐化

无论是播音主持理论家还是批评家，都希望广播电视等媒体既能够发挥"喉舌"作用，也能够教给广大阅听人以文化、科学等知识，满足人民精神需求、丰富人民精神世界、增强人民精神力量、提升人民综合素质。但是以电视为代表的大众传媒，传递信息的功能逐渐被即时方便的新媒体所取代；而在经济效益、收视率等多重因素的作用下，高雅节目被逐渐边缘化甚至趋于消失。由此产生的直接后果便是电视娱乐的作用被一再放大，以致产生了过度娱乐化的倾向。诚然，电视是现代生活的一部分，有助于人们放松疲惫的身心、获得廉价的安慰，但是不能仅仅为了满足大众盲目的娱乐需求就全面走向娱乐化，最终导致电视文化景观呈现出单调、乏味、甚至扭曲、变异的现状。娱乐节目主要包括综艺、音乐、舞蹈、戏剧、游戏、益智、真人秀、娱乐谈话、体育、电影、电视剧等，与其并列的还有新闻、教育和服务类节目。① 对于当下的电视荧屏，"娱乐"显然已经不仅仅是娱乐节目的专利，从新闻节目到教育、服务节目，无一不"娱乐"。

---

① 张海潮.中国电视节目分类体系[M].北京:中国传媒大学出版社,2007:76-88.

新闻娱乐化已经是媒体的一种客观存在。新闻娱乐化主要指新闻在内容上减少严肃新闻的比例,而倾向于日常事件、趣闻轶事、暴力灾害事件等方面,在表现形式上强调故事性、趣味性、煽情性、刺激性。以娱乐立台的湖南卫视于1998年年底推出了全新的新闻节目《晚间》,主持人张丹丹和李锐用说家常话的方式播报新闻,并且在新闻中加入调侃、戏说的成分,以亲切、自然、幽默、独特的风格赢得了大批阅听人的追捧。但是必须看到,过于生活化的语言、随意化的状态必然导致新闻普通话美感的丧失、公信力的下降;为了娱乐性而过多报道一些时效性不强的趣闻怪事,最终违背了新闻时效性的重要原则;不少新闻内容耸人听闻、真假难辨,新闻当事人面对镜头不似接受采访,反像表演卖弄,而主持人更是用极尽夸张的语言进行气氛的渲染,公然挑战新闻的真实性;还有一些所谓的新闻用一些类似"喝尿治病"等难登大雅之堂的奇谈怪论争夺阅听人,主持人也伴随着这样的节目自降格调、走向媚俗。

除了新闻节目,科学教育类节目也在纷纷加紧娱乐化的进程。一般来说,电视社教类节目就是运用电视技术和艺术手段,面向整个社会传播科学文化知识、进行社会教育的节目。[①] 中央电视台在20世纪90年代伊始便设立了社教中心,之后又成立了科教频道。社教节目发展迅速、种类众多,不少节目在社会上具有一定的知名度和影响力。比如,《走进科学》创办之初,以弘扬科学精神、宣传科学思想、提倡科学方法、传播科学知识为宗旨,是一档具有较高品位和科普作用的节目。但是曲高和寡的窘境、专业领域的局限、收视低迷的惨痛现状、末位淘汰的残酷现实让《走近科学》逐渐开始了隐性"娱乐化"的转型。在节目中,主持人成为说书人,用"讲故事"的方式为大众讲述《她的身上会起火》《香尸谜案》《吃煤奇人》《干尸复活》《谁在背我飞行》等看似匪夷所思、令人咋舌的离奇故事,用矫揉造作、煞有介事的包装来打造一个"伪科学"甚至是"迷信"的简单内核,可以说是以科学的名义愚弄大众。在这其中,主持人起到了至关重要的作用。节目主持人

① 王甫.社教节目:由社会教育转向社会文化.新闻战线.2000(7).

本来具有语言流畅、感染力强的特点,但是没有得到有效的使用,而成为"娱乐化"的"帮凶"。无论是在演播室里的"故弄玄虚",还是画外音中的"一惊一乍",都在为节目的虚假效果起着推波助澜的作用。一句话能说完的事情,却铺排得一波三折、悬念迭出。节目被众多阅听人批评为低俗、堕落,主持人难辞其咎。科普节目最终沦为娱乐节目,获得知识的途径反倒成为放松身心的去处,这也是各级各类媒体中比比皆是的不良现象。如果仅仅是娱乐倒还罢了,如果打着科学的幌子对阅听人尤其是分辨能力不强的青少年造成误导,那么所造成的后果便难以估量了。节目需要求新求变,寓教于乐地讲故事也是可行的方式,只是对于"度"的把握值得创作者深思。

新闻节目、教育节目纷纷向娱乐化转型,生活服务类节目也不甘人后。生活服务类节目是我国最早的电视节目类型,1982 年开播的《为您服务》成为中国第一个电视节目,沈力成为第一位电视节目主持人。西方的电视节目一般都是从娱乐节目开始的,这是中国电视发展与之不同的特点,从中可见生活服务类节目在我国的重要地位。随着社会发展和生活水平的提高,曾经以"生活小妙招"吸引大众的服务类节目越走越窄,求职类和相亲类节目趁势而动,迅速占据了有利的位置。相亲和求职,本是严肃认真的事情。成家和立业,是中国人传统观念中认同并保留至今的最重要的两件大事。涉及个人隐私,本是"私事",却要"公办",本身就具有相当的吸引力。节目进程中嘉宾的犀利评价、参与者的大胆言论和表现,都成为节目吸引阅听人的法宝,很多参与者的"名言"甚至成为网络、社会的流行语,具有极强的话题性。除此之外,选手身份造假、导演授意大胆言辞等负面新闻层出不穷,本该最为真实的婚恋、求职等生活服务类节目却成为缺乏真实性的重灾区。主持人在这类节目中应具有重要的作用,如介绍参与者,调节气氛,做好求职者和招聘者、男嘉宾和女嘉宾沟通的桥梁,和评论嘉宾互动等。但是事实是:不少节目主持人要么成为跳梁小丑,插科打诨;要么挑起矛盾,从中作梗;要么自我感觉过于良好,随意评价参与者,有时甚至带有人身攻击的色彩。无论电影、电视剧还是节目甚至书籍,正面的表扬难以掀起一朵浪花,但是“骂”得越厉害反而会引起越多的关注。节目创作者不能以话题性、负面性的炒作获得大众的关注，噱头、造假不能长久，真诚创作、服务大众才是根本所在。

面对传媒行业乱象丛生和播音员主持人层出不穷的问题，我们必须找出问题的根源，才能对症下药、有的放矢。从政治角度来看，播音员主持人具有“喉舌”属性，媒介同样如此，但是社会效益和经济效益的双重挤压必然导致行业的异化；同时，国家广电总局虽然在监管上从未放松，但媒体中各种不良现象仍是花样翻新、层出不穷，说明制度有待进一步完善。从经济角度来说，收视率身兼“天使”和“魔鬼”的双重身份，既是媒介展翅高飞的动力，也是“万恶之源”，我们应该建立多元的评价机制，防止唯收视率至上的理念导致媒介的全面庸俗。从媒介自身来说，从业者自律意识淡漠、外包节目质量参差不齐、新闻和社教节目比重大幅度下降。另外，媒介批评、电视批评、播音主持批评的失语也是造成这种现状的重要原因，治标不治本的浅议辄止、隔靴搔痒的模糊评价、褒多贬少的盲目吹捧，立场不坚定、职责不明晰、态度不严肃，正因如此才导致如此后果。这是一个传媒繁盛的时代，也是一个文化凋敝的时代；广播电视互联网新媒体等媒介让文化走近了大众，同时也让真正的文化远离了大众。面对严峻而复杂多变的媒介现实，批评家必须“乐于在场、勇于出席、善于发言”，绝不能“缺席”“失语”。

07

第七章 播音主持批评样态论

播音主持批评的样态是播音主持批评的样式、形态，既可以从批评的文体体裁来研究，也可以从批评的取材题材来研究。播音主持批评仍处于“开蒙”阶段，从战争年代只言片语的评价，到近些年来数量巨大的相关研究文章，播音主持批评正走向自觉。但是就目前所见，播音主持批评文章的体裁大多为论文，题材多为节目或播音员主持人，形态还很单一，视域还很狭窄，有待进一步发展。

第一节 播音主持批评的体裁

播音主持批评的体裁应是多样的，不同的体裁具有各自不同的特点，或绵密长论、或简洁短论，或严肃、或风趣，或理论思辨为主、或细腻体验为主。播音主持批评家应当根据批评对象、阅听人以及自己的能力和擅长选择不同体裁的批评。这些体裁都是批评的存在形式。

一、论文体

论文体应当说是播音主持批评中最为常见也最为重要的体裁。论文篇幅需适中、观点需明晰、论证需有力、论述需畅达，可以对某个现象或问题进行较为深刻的分析。论文体可以让播音主持批评的主体更好地表达思想、阐述问题、深入研究、得出结论，因此成为众多批评体裁中使用最为广泛的样式。具体来看，论文体又可分为多个类型。

（一）专论

专论是针对某个播音主持作品、某个播音员主持人或某种播音主持现象、思潮的专门批评文章。一般来说，这类论文目标明确、范围明晰、篇幅较长、论述集中，深度突出、理论性强。

比如上文提到的张颂的《“字正腔圆”的艺术风范——简论夏青的播音艺术》一文，便是对夏青播音艺术特点的专门分析。[①] 论文分为五个部分，第

① 张颂.播音主持艺术论[M].北京：中国传媒大学出版社，2009：327-329.

一部分总述播音创作的原则，指出夏青的播音创作始终坚持原则、不曾脱离根基；第二部分提出文章的论点——夏青的播音语言特色是字正腔圆；第三部分是论述的推进，指出夏青的字正腔圆，不仅隐含着时代的高度、历史的厚度，还呈现着大国的风度；第四部分从夏青的成就论述历史的启示、成才的规律；第五部分总结——夏青是一位复合型的播音艺术家，也是播音艺术中的巨人，并再次点题——字正腔圆是研究夏青播音艺术成就的起点和归宿，应成为中华民族语言艺术的风范。这篇论文结构清晰，看似零打碎敲却是步步推进；论点明确、目标明确，因此论证的时候收放、开合自如；论证有力，不仅着眼于夏青的播音艺术，更由此引申、铺展开来，为中华民族的语言艺术发展指明方向。

（二）短论

短论是就某个播音员主持人、某个播音主持作品或某种播音主持现象、思潮进行批评，但是相对于专论，篇幅短小精悍，论述凝练集中。短论看似容易，但真正写起来并不一定简单，因为在角度的选择、内容的安排、论证的透彻、表达的到位等方面都需要写作者具备扎实的写作基本功。

张颂的《新闻发言人的口语表达》①可以看作一篇短论。文章从"口语"出发，先论有声语言的重要性，再论有声语言的现实问题，最后指出并阐述新闻发言人应具备一定的语言功力和现场把控能力。简洁明了，不蔓不枝，针对性强。

二、著作体

著作体的播音主持批评一般是以书的形式出现的，是播音主持批评家对某个或某些播音主持相关问题的独到见解和系统评价。和论文或其他批评体裁相比，著作体的视域更加广阔、表达更加丰富、阐述更加具体、分析更

① 张颂.播音主持艺术论[M].北京：中国传媒大学出版社，2009：368-369.

加透彻,并且论点有总有分、论证有详有略、论据全面充实、论述笔酣墨饱。

著作体的批评可以以某一位播音员主持人、某一档节目为研究对象,也可以以某一类播音员主持人、某一类节目为研究对象,因为篇幅够长,可以进行更为全面、深入的研究。对于现象和思潮,因其涉及较多的播音员主持人、理论家、批评家等,构成较为复杂、涉及面较广,便不能简单地罗列和分析,更需要播音主持批评家透过现象看到本质,并揭示其规律,这需要播音主持批评家具备更为深厚的文化底蕴、更为高超的概括能力以及更加精微的理论思辨能力。

比如姚喜双和苏海珍合著的《话筒前的人生——著名播音艺术家林如和她的播音生涯》[①]一书,便从学生时代、初踏播音路、学习借鉴、"文革"前后、十年求索、退休生活等角度历时地、全面地记录了林如的播音道路,并对林如的播音风格进行了归纳和总结。

三、杂记体

杂记体的播音主持批评文本篇幅相对较短、形式相对活泼,以言简意赅的语言批评问题、表明观点。

比如张颂的三十篇《语言传播杂记》,对语言文化、传者素质、播音标准、规范意识、传播规格、人文关怀等播音主持相关领域的许多问题进行了细致、深入的思考。观点正确不乏新颖,语言简洁不乏犀利。

四、随笔体

相对于杂记体,随笔体的批评文本可能在理论逻辑架构上略逊一筹,但是在内容的全面和观点的犀利方面却更为出色。随笔和札记相似,大多是在收听收看节目时各种感想的及时记录,之后汇集成文。这种体裁最大的

① 姚喜双,苏海珍.话筒前的人生:著名播音艺术家林如和她的播音生涯[M].北京:中国广播电视出版社,2000.

优势便在于可以及时、迅速地记录下收听收看节目时最直观的感受和灵光乍现的思想火花,不至于事后失落。随笔体的批评不以理论深度见长,而是以点滴尽收的感受和一针见血的犀利为特色。同时,随笔的行文相较于严肃规整的论文显得富于趣味性和可读性,往往从一个小点出发,由表及里、由浅入深、抽丝剥茧、娓娓道来,避免了理论阐释的抽象枯燥,更显情趣和人情味儿。

鲁景超的《让朗读丰富我们的人生——"第十二届齐越朗诵艺术节暨第六届中国大学生朗诵大赛"观后》①便是一篇学术随笔。文章从朗读让人更为厚重和精致、朗读让人更加真诚和朴素两个角度,较为全面地论述了对朗诵大赛稿件类型、内容题材、表现方式等方面的思考,并且融入了朗读、朗诵的相关知识,不疾不徐、娓娓道来。

五、书信体

书信体批评的写作相较于随笔体则更为灵活,根据对象的不同可自由选择文章的长短、内容的深浅等。书信体大致有两种情况:一种是播音员主持人、播音理论家、播音主持批评家等相互之间就专业问题进行沟通的纯粹信件,最初目的可能不是用于发表,但日后根据需要选择发表出来;另一种是用于发表的文章,只是以书信体的形式来写作。书信体是重要的批评体裁,若为前者,因其属于私人信件的性质,内容更显真实、更接近于批评家最本真的表达,因此,其对于批评对象和批评主体的研究都具有无可替代的重要作用;若为后者,用书信体的方式更显亲切,更有利于观点的传达。

张颂的《给播音系同学的一封信》②大致属于第二种书信体的类型。文章从专业优势和专业学习两方面给播音与主持艺术专业的学生以建议,行文虽未直接批判播音主持行业的不良现象,但实则字字句句都是对现实的反映。

---

① 鲁景超.让朗读丰富我们的人生:"第十二届齐越朗诵艺术节暨第六届中国大学生朗诵大赛"观后[J].现代传播.2010(9).

② 张颂.播音主持艺术论[M].北京:中国传媒大学出版社,2009:124-125.

六、序跋体

序跋体也是播音主持批评的一个重要体裁。“序”和“跋”都是为某部著作所作的介绍性、说明性的文章，既可是作者自己的感想，也可请人代作。但二者也有明显不同：“序”置于正文之前，也称引言；“跋”放在书后，也叫后记。序跋的写作具有一定的要求，不能神思邈远、离题万里，而应紧扣作品和作者，对相关人物、思想、理论等进行一定的介绍、分析、评价，最终目的是让读者更好地理解和接受著作，起到推介的作用；除此之外，序跋的篇幅也应有所控制，不宜喧宾夺主。

张颂为曾志华的《中国电视节目主持人文化影响力》一书所作的序①，从播音主持创作、著作以及作者三个方面分节论述、介绍，既有宏观的视角，也有微观的观照，既有理论的力量，又有动人的真情。从中可见前辈学者对后辈学者的扶持，对中国播音学的无限忠诚与热爱。

七、对话体

对话体是以谈话形式进行播音主持批评的文章体裁。狭义的对话体仅指两人对话的形式，而广义的对话体形式不仅有两人对话，还有多人对话，课堂、会议的点评，座谈会、研讨会的发言等，不拘一格。对话体是一种十分古老的文体，《论语》《柏拉图文艺对话集》等，都是先哲以对话形式成就的文艺批评。就目前所见，纯对话形式的播音主持批评还没有，会议发言形式的文章还是具有一定数量的。无论是何种形式，参与对话的各方都是代表着一定的观点和立场，通过“对话”的形式对焦点问题进行讨论或辩论。

对话体批评具有两个显著特点：一是参与人的“代表性”，即对话者的身份、观点等各方面都要具备普遍意义，不是完全个人化的东西，而是代表了

① 张颂.播音主持艺术论[M].北京：中国传媒大学出版社，2009：287-289.

社会上或是行业内一部分人的观点;二是话题的“论辩性”,即对话所围绕的主题应是具有一定的关注度、但各方见解不一的话题。在对话的过程中,还应当注意逻辑性、科学性、艺术性的结合。

张颂的《齐越精神的永恒价值——齐越播音艺术与教学思想研讨会上的发言》[①]便是广义的对话体批评文章。文章分为“继承和发扬齐越精神”以及“齐越精神——熠熠生辉的旗帜”两部分,从历史的高度、时代的视域、哲理的深度、艺术的品格等角度,给齐越精神以准确的定位。

八、其他体

除了以上介绍的七种比较主要的播音主持批评体裁之外,还有一些其他的文学艺术形式常用的体裁,下面做一些简要介绍,以期可以丰富播音主持批评的文体体裁。

散文体,和随笔体有所相似,但是其更注重批评主体的抒情色彩,论述不注重理论,而是更加追求主体浓烈感情的表达和宣泄。可参见居其宏的音乐批评文章《归来兮,批评之魂》[②]。

寓言体,借用形象寄托各种深奥的哲理,“寓言”一词以及寓言这种问题都来自庄子,其很多寓言都已经成为众所周知、家喻户晓的典故。寓言表达通俗,能在潜移默化之中“灌输”观点。

诗体,用诗作进行文学批评、阐述文学观点,是古代一种重要的文学批评形式,像杜甫、陆游、元好问等人既是诗人,也以作诗的形式来批评文学作品。比如杜甫的《戏为六绝句·其一》:“庾信文章老更成,凌云健笔意纵横。今人嗤点流传赋,不觉前贤畏后生。”

其他,如法国著名思想家罗兰·巴特的《恋人絮语——一个结构主义的文本》[③],以歌德的名著《少年维特之烦恼》为研究对象,但通篇都是碎片化的

---

① 张颂.播音主持艺术论[M].北京:中国传媒大学出版社,2009:105-107.

② 居其宏.归来兮,批评之魂[J].人民音乐.1986(10).

③ 巴特.恋人絮语:一个解构主义的文本[M].汪耀进,武佩荣,译.上海:上海人民出版社,2009.

有关恋人的联想、感悟、思绪。不仅难以对其进行归类，甚至很多人连完全读懂都很困难。

以上的这些划分并不是绝对的，所列举的文章也可能不局限于一种文体，很多批评具有多种文体交叠的综合性特征。在实际操作过程中，批评家不能被这些体裁所束缚，因为批评家的创造力也会使新的批评样式不断增加。

第二节　播音主持批评的题材

本书所说播音主持批评文本的题材，指从题材的选择来对播音主持批评文本形态进行分类，也就是批评创作时主要取材于批评对象哪方面的构成因素。播音主持批评的题材和其他文学艺术批评大体相似，常用的有作品批评、人物批评、理论批评、思想批评、事项批评、综论批评等。

一、作品批评

作品批评主要指针对播音员主持人及其播音主持作品进行分析、评价的文章。所研究的面涉及播音员主持人、作品内容、思想内涵、审美追求、价值取向等各个方面，是对播音主持创作的全面研究。对作品的选择，既可以是某位播音员主持人的某个作品，也可以是多个作品，还可以是不同播音员主持人的不同作品；既可以作单一对象研究，也可以作对比研究。由于作品批评的内容广泛、形式不拘，因此使用得也较多。

二、人物批评

人物批评主要针对播音员主持人的播音主持创作进行批评。播音员主持人是播音主持作品的主体，对其进行外在的如语音、发声、形象、气质，内在的如文化底蕴、思想道德以及整体的如艺术审美、风格特征等方面的研究，既能使播音员主持人更加认清自我并进行调整，还能使其他播音员主持人引以为鉴。对人物的批评，可以是对某个播音员主持人的，也可以是对某一类型节目一系列播音员主持人的；可以选择一个面展开，也可以全方位展开。但值得注意的是，针对人物的研究，一定要全面掌握资料、深入了解人物，结合播音员主持人的生平经历、创作特色、艺术技巧、思想观念以及生活、情感、人格、审美等多方面，力求所评能够中肯、深刻、有见地。

比如曾志华的《汇祖国医学涓涓细流成十年洪涛——评央视国际频道〈中华医药〉主持人洪涛》①便是一篇人物批评。文章从三个角度对主持人洪涛进行评价：一是理念：民族文化的坚守与输出；二是路径：不可替代的品牌形象；三是目标：打造国家形象的展示平台。作者将主持人的创作特色、思想追求、审美价值取向等和作品结合起来进行评述，有述有评、有论有证，指出了主持人成功的因素，提供了后来者借鉴的路径。

三、理论批评

理论批评顾名思义就是批评文章主要针对播音主持的相关理论，研究其基本原理、基本特征和基本规律。这里所说的理论有两方面的内容，一是关于播音主持基础理论的，比如语音发声、播音创作等；二是关于播音主持批评理论的，是对播音主持批评“形而上”的研究。理论的发展对一个学科的发展具有至关重要的基础性、指导性的作用，对理论的批评，可以促使理

① 曾志华.汇祖国医学涓涓细流成十年洪涛：评央视国际频道《中华医药》主持人洪涛.现代传播.2008(5).

论研究者不断审视自我、及时调整，不仅要让理论跟上时代、实践的步伐，甚至要超越实践、走到前列，这样才能起到居高临下、引领提升的作用，才能促进播音主持事业和播音主持批评事业不断进取、良性发展。

张颂的《“播音腔”简论》①可算作第一种理论批评。严格来说，“播音腔”只是一种通俗、概括且带有调侃性质的说法，并不是一种学术理论。但是张颂在文章中首先廓清“播音腔”的概念，并对其进行较为全面、系统的理论阐释，首次赋予“播音腔”以理论内涵，文章便在此基础上生发。接着文章从播音腔的必要性、可容性两方面分别指出播音为什么要坚持自己的腔调以及“播音腔”进步发展的空间。文章既厘清了概念，也批判了偏颇；提出既要剔除“播音腔”的杂质，也要留下其宝贵的内核；既有较强的现实针对性，也具有深远的理论价值。

四、思想批评

思想批评是指对某种播音主持思潮、现象、观念、倾向等进行批评的文章。这类文章具有较强的前沿性和现实针对性，对播音主持实践、理论的发展方向具有一定的导向、推动作品。这就要求播音主持批评家具有敏锐的感知力和深厚的理论素养，善于发现问题并能够及时纠偏。对新出现的好的现象给予大力的宣扬，对不好的现象则应当大加挞伐，做到有的放矢、明辨是非。

张颂在《“口语至上”批判》②一文中，针对广播电视界从领导到播音员主持人之中弥漫的“口语至上”的迷雾进行了有力的批评。文章从人类语言的发展和传播方式的演进谈起，结合广播电视语言传播的特点，深刻论述了有声语言的特点和优势，指出大众传播中“口语”的问题，对于神话“口语”的不良现象进行了有力的批判。

① 张颂.播音主持艺术论[M].北京：中国传媒大学出版社，2009：187-191.

② 张颂.播音主持艺术论[M].北京：中国传媒大学出版社，2009：330-335.

五、事项批评

事项批评指对和播音主持相关的一切事项的批评，这些事项虽不如播音主持作品、播音员主持人等事项受人关注，但在传播文化、丰富生活、推广普通话等方面具有积极的作用。及时地对播音主持批评的相关事项进行批评、疏导，引领，可以更加有效地整合各方资源、丰富社会语言文化生活，并使之走上良性、健康的发展轨道。

这些事项包含的范围比较广、内容比较杂，比如普通话水平测试、播音员主持人资格考试、语言培训以及朗诵、献词等。这些事项虽不是播音主持批评的主要对象，但因其与播音员主持人具有直接的关联，也不可小觑、不容忽视。

六、综论批评

综论批评也叫总体批评，结合了以上所列的各个事项，是对某一历史时期、某一地域范围的播音主持事业发展情况的综合研究和评价。综论批评不注重细节的描摹、而重在整体的把握，因此需要播音主持批评家具有强大的理论功底和深厚的文化修养、高屋建瓴的气势和广纳百川的胸襟来驾驭全局。

张颂的《普通话播音中的几个问题——兼评美、澳、苏、英、日的普通话播音》①大致可以看作一篇综论批评。文章从“普通话播音”这一角度，探讨了六个国家普通话播音的特点和存在的问题，既有针对性、又有普遍性，既有实操价值、也有理论价值。

以上对播音主持批评题材的划分是相对的，它们同属于播音主持的范畴，不可能相互之间毫无交集，常见的情况是作品批评涉及播音员主持人、

---

① 张颂.播音主持艺术论[M].北京：中国传媒大学出版社，2009：164-170.

人物批评涉及思潮、思潮批评涉及理论、理论批评又涉及作品、综论批评更是无所不包。了解各种题材的特点是为了在播音主持批评写作实践中更好地运用,而不能抱令守律、扞格不通。

播音主持批评的各类体裁和题材在实际写作过程中并不一定是一一对应的关系,也就是说某种体裁的批评文章可能会有多个取材对象,而某种题材的文章也有可能用到多种体裁,并不需要苛求"一对一",正如上文所举的简单例子,很多时候也是不可能泾渭分明地"一对一"的。我们了解这些按照体裁和题材划分的播音主持批评创作,不是为了画地为牢、板板六十四,而是要充分了解各种类型的特点,在实际的写作、创作过程中循序渐进、体悟摸索,最终能够融会贯通、随心所欲而不逾矩。

第三节 播音主持批评样态的模式

播音主持批评有各种体裁和题材,类型多样。在进行播音主持批评创作的时候,会逐渐形成一些基本特点和规律,也就是"模式化"的文章风貌。这里的"模式化"并不包含贬义的色彩,只是在研究的时候用这样的方式有助于我们更加清晰、快速地把握对象,也方便播音主持批评主体在创作实践的初级阶段参考。在实际的播音主持批评创作过程中,运用适当的模式对说明问题、表达观点、解决问题具有重要作用。另外,一篇播音主持批评中不一定只有一种模式,可能会出现多种模式共用的情况,这对论证说理以及展示批评家的功力都是有益的。

一、鉴赏式

鉴赏式批评适用于优秀的播音主持作品,主要是对其艺术特点、美学意蕴、文化内涵等方面以及播音员主持人的个性风格、创作背景等方面的全面介绍，并对作品的地位、价值进行客观的评价。鉴赏式基本是一半介绍欣赏、一半分析评价，是最为常见的批评模式。

批评家根据批评对象的客观实际，结合主体的主观感受，对其进行直观的、印象式的评价。一方面是对作品的描述，一方面是对自我感觉的表达。风格比较平易近人，但是还未进入学理的层面，具有描述性和情感性的特征，不如学理批评来得严谨。对于刚刚进行播音主持批评创作的人来说，这种模式的批评随处可见、易于参考并且结构简单明了、易于上手，是初学者的不二选择。

鉴赏式的批评容易上手，但要写得好却不那么容易。若不注意，便会成为行文不够严谨、个人色彩强烈的街谈巷议、说长道短之作，失去了批评的价值和意义。若把握得当，会因为批评家的个人能力、理论水准以及个性魅力，不仅收获读者的认可，还能引领他们走向播音主持批评更高的层面。

优秀的鉴赏式作品，情理交融、可读性强；而优秀的播音主持批评家也能将批评家的睿智、艺术家的灵性和文学家的笔触结合于批评创作之中。最终不仅能培养读者的文学水平、艺术气息，还能激起他们对播音主持的兴趣（可能是欣赏节目的兴趣、可能是自己播音主持的兴趣、可能是播音主持批评的兴趣），更能为他们的审美感知、价值批判提供标准。

二、分析式

分析式批评也比较常见，相较于鉴赏式，显得学理意味浓厚、专业性强、逻辑周延、批评严谨。分析式批评不只适用于优秀的播音主持作品，范围也更广。如果说鉴赏式批评更多的是“以情动人”的话，那么分析式批评便重在“以理服人”。一般来说，分析式批评是从描述现象入手，随后展开分析、研究，最后揭示原因的过程。

分析式批评往往需要涉及多学科知识，比如哲学、文学、语言学、美学、传播学、甚至社会学、人类学等方方面面。通过旁征博引、行云流水、气贯长虹、无懈可击的周延论证,得出具有说服力的结论。

播音主持艺术既有外在的要求,也有内在的追求。因此,播音主持批评家必须注重播音员主持人语音面貌、语言表达、形象气质等外在因素和作品艺术审美、文化内涵等内在因素的结合,全面评价播音主持作品和播音员主持人。

三、议论式

议论式批评和议论文的写作有相似之处,需要论点、论据和论证,三者缺一不可,形成一个完整周密的评论体系。

论点应当正确、深刻、新颖、有现实针对性。一般来说,一篇批评文章只要有一个总的论点即可。若篇幅过长,也可采取总论点加分论点的方式。论据应当真实、充分、新颖、有典型意义。论据可分为事实论据和理论论据两大类:事实论据的内容包括确凿、充分、有代表性的事例、史实、数据等,拿来摆事实、讲道理,具有较强的说服力;理论论据包括经过实践证明和检验的科学原理、定律公式以及约定俗成的警句格言等,即平常所说的"名人名言",具有一定的权威性。论点相当于一个人的灵性和骨架,而论据则是血和肉,都是不可或缺的。论证则是具体的方法,一是例证法,即用具体的事例证明观点;二是印证法,即用经典名言、科学定义等证明观点;三是喻证法,即用比喻、类比等修辞说法证明观点;四是引证法,即援引其他议论文章类似的情形用以证明观点。

议论式播音主持批评的写作具有一定的难度,既要提出观点、严密论证、自圆其说,还要注意遵循批评规律、不能变成政治说教,因此对播音主持批评家的文化修养、专业素养、道德涵养以及哲学思辨能力、政治理论水平等都提出了更高的要求。

第四节　播音主持批评样态的特点

播音主持批评的创作独立于播音主持创作和播音主持基础理论之外，呈现出艺术性、概括性和时代性的重要特征。播音主持创作主要是有声语言的创作，而播音主持批评的创作主要是文字的形式；播音主持基础理论虽然也是以文字呈现，但确是需要纯粹理性的概括，不同于播音主持批评创作中艺术性的大量参与。

一、艺术性

艺术性指在播音主持批评的创作中，播音主持批评家的个性特征、艺术追求、审美取向等融汇于文字之中，让批评作品呈现出独特的个性风格和精神气质；而基础理论需要严密的逻辑、科学的表达，不需要艺术性。播音主持艺术本身便是艺术门类中的一员，艺术性是其重要特征，因此在进行评价的时候，易于对其进行艺术化、审美化甚至诗化的描述。很多播音主持批评文章都呈现出艺术化的风格。换句话说，如果播音主持批评主体缺少审美的感受、艺术的表达，那么便不能成为一名优秀的批评家。

二、概括性

概括性就是能够在纷繁复杂的播音主持创作的实践和最终的作品中，提炼出有批评价值的内容，也就是善于发现问题。媒介繁荣、众声喧哗的表现下，有很多问题值得关注：比如跟风模仿同质化，比如招欢买笑低俗化等。很多这样的节目却得到了一致追捧，很多高雅的节目却被一再冷落。面对这样的境况，播音主持批评家必须进行客观分析、理性思考，总结归纳出恰当的观点并对症下药。头痛医头、脚痛医脚是行不通的，眉毛胡子一把抓是没效果的，必须高度概括、高度抽象、有的放矢、一针见血。

三、时代性

播音主持创作具有时代性的特征，播音主持批评创作同样如此。文学批评、艺术批评等经历了几千年的发展，它们的研究对象从古至今跨越千年。而播音主持艺术学的建立不过半个多世纪，播音主持批评更是初生婴孩，它们和今天的社会更加血脉相连。由于战争年代的动荡和社会发展水平的制约，很多播音主持作品未能留存下来，因此，播音主持批评面对的是更近的当下。从批评的本质来说，播音主持批评理应走在播音主持事业的最前沿，要通过批评让播音主持创作符合时代氛围、展现时代精神，并且引领新的方向。

08

第八章 播音主持批评方法论

方法,是主体认识客观世界和改造客观世界应遵循的中介,是人们认识和掌握世界的理论工具。播音主持批评的发展,一方面要求播音主持批评理论的建立和完善,同时也要求方法论的研究和构建。因为播音主持批评不但具有高度的抽象性和极强的理论性,同样具有实践性和操作性的重要特征。通过实用便捷、卓有成效的方法,能够为推动研究的深入、理论的拓展发挥不可估量的重要作用。

在播音主持批评的创作实践中,方法具有两方面的含义:一是指批评主体认识、研究批评对象的方法;二是指批评主体将对批评对象的研究成果形成文字的写作方法。

第一节 批评的方法

科学方法具有三个层次，即具体科学方法、一般科学方法和哲学方法。哲学方法具有普遍的适用性，能涵盖一切领域；一般科学方法是中间层级，是各个学科普遍运用的基本方法，比如实验的方法、比较的方法、分析的方法、归纳的方法等；具体科学方法则主要指各个学科独特的方法，比如生物学中的观察法等。哲学方法是从前两个层次中提炼出来的，而前两个层次的方法又蕴含着哲学方法的内容，二者有本质上的共同点和一致性，是一般与个别的关系。哲学方法作为最高层次的方法，适用于并能指导自然科学、社会科学、思维科学及交叉科学的研究，是人们处理与外部世界关系的基本规范和准则。就播音主持批评而言，方法在操作层面又可具化为方式，即播音主持批评的方式，也就是批评方法的模式。

一、方法

在研究播音主持批评方法的时候，主要以一般科学方法为主，同时不能忽略哲学方法的指导作用和具体科学方法的操作意义。

（一）比较与鉴别的方法

比较与鉴别的方法，就是按照一定的标准，将不同播音主持批评对象具有相似性、相关性的某个要素或多个要素进行对比、分析并得出结论的方法。通过这种方法，可以有的放矢地了解批评对象之间的异同、更加深入地了解对象并总结内部规律。比较与鉴别是播音主持批评中较为常用的一个方法，在对比播音员主持人、播音主持作品等各个方面时都可以使用，通过"比较"，才能"鉴别"。比如某个主持人几档不同节目之间的比较，某个播音员不同年代的播音风格的比较，不同主持人主持同一类型节目的特点的比较，不同地域的主持人文化特征的比较等。

在进行比较操作的时候，一定要注意两点：第一是不能盲目地、仅凭主观意识就先入为主地"先鉴别、再比较"，比如不能对欧美脱口秀盲目追捧、对中国谈话节目片面贬低，比如不能轻言中央级媒体的主持人就是好、地方台的主持人就是不行等。第二是比较的须是同一层面的要素，具有一定的相关性和相似性，比如不能将播音员的风格和主持人的风格相比较等。

（二）分析与综合的方法

分析与综合的方法也是一种较为常见的科学方法，也是基础的方法，任何一种批评的方法都不能缺少"分析"和"综合"的环节。

分析是人们认识事物、了解事物的一种手段，即将整体的事物按照部分、要素等逐一加以研究、认识的方法。分析法大致可以分为定性分析、定量分析和功能分析三种形式。定性分析一般先指出对象的属性，然后对其原因进行分析、论证。定量分析则是将整体对象的各个部分按照大小、多少的比例量化，然后运用统计学的学理和方式进行数据的比较，克服了随意性和粗放性，具有一定的科学性和说服力。功能分析是对整体对象或对象的构成要素的作用进行分析并得出结论的方法，重在研究功能及其产生的影响和效果。比如对某一件播音主持作品进行批评，便可以分别对其播音员主持人的基本功、表现力、作品的艺术追求、审美趣味、文化含量以及整体效果等方面分别研究，最终达成对作品的客观认识。

综合法与分析法则是截然相反的，它是把分散的各个部分、要素重新组合起来进行整体观照的研究方法。这种组合不是机械地简单相加，而是要对各个部分进行内在地、深层地有机综合，甚至是对立要素的统一，比如对播音主持作品所呈现出来的严谨、规整和浪漫、抒情的个性特征进行综合考量，最终形成有价值、合实际的结论。

（三）归纳与演绎的方法

归纳与演绎的方法是两种相似却相反的方法的合称，即逻辑归纳法和逻辑演绎法。二者都是逻辑思辨方法中的一种，但是前者是从个别到一般、而后者是从一般到个别。在播音主持批评的实践中，将二者结合起来使用能够取长补短，使得研究结果更具说服力。归纳法和演绎法互为前提、互为补充，将二者割裂开来、封闭运用是不适用于播音主持批评的实践的。

归纳法是从个别到一般、从实践到理论的逻辑思辨方法，也就是从具体的、特殊的现象、事物，概括、归纳出具有较高层次意义的知识、理论的方法。比如在播音主持批评实践中，通过对多个节目的类比、研究，进而得出此类节目的一般性特征和规律；或者是对某个主持人所主持的不同节目的研究，总结出该主持人的风格特点。归纳法不仅适用于较为成熟的播音主持的相关事项，还适用于新兴的事物，可以对其进行总结、归纳得出新兴的理论，给予创作一定的指向。归纳法具有一定的创造性，对看似独立的个别事物进行推演和总结，将现象归纳成理论；归纳法还具有一定的科学性，因为理论的结果不是凭空而来的，而是在前提、现象的总结的基础上生发出来的。但是归纳法也有一定的局限性，比如对已有现象、事物的选择可能会带有一定的主观性和随意性，由此便会对归纳的结论造成以偏概全甚至南辕北辙的弊端。

演绎法则是从一般到个别、由普遍性原理生发出个别性结论的逻辑思辨方法。这种方法需要有已知的理论前提，然后通过一定的逻辑推理最终形成结论。因此，演绎法的关键便在于“真实”的“推理”，如果前提不是正确、真实的，那么无论用什么样的方式推演出来的结果都不具备可信度，用此方法所进行的播音主持批评就不能具有可靠性和权威性。

（四）假设与验证的方法

假设与验证的方法也叫“假说—演绎法”，即先以假定的事实为前提，通过运用相关理论进行推导论证，最终证明假设的真伪，是一种具有科学探索精神的研究方法。

假设是对批评对象的特点、规律等进行的假说式总结，是根据已知的原理、事实等对事物的成因、规律或者发展方向所作的假定性解释。这种方法具有创造性和科学性的典型特点。在仔细观察、全面分析、丰富想象和严密推理的基础上提出问题或假说，这是一种极富创造力的思维方式；而学术理论是人们认知世界的科学、系统的解释，是经过实践检验之后的客观、严密、科学的体系，假说与之验证，既可以检验假说的正误，也可以让学术理论反观自身的概括力、解释力和全面性、科学性。在播音主持批评实践中，也可以使用假设与验证的方法。批评家在观察播音主持创作现状、掌握一定事实的基础上，对其进行抽象、提炼并形成某种假说，再通过严密的分析、科学的论证以及大量的事实来判定假说的真伪；“成真”的“假设”便会成为原理，可以用来指导实践，实践可以再次检验理论的高下、正误，从而既为理论的成熟也为实践的发展提供良性循环的契机。

（五）系统与全息的方法

系统的方法来自“系统论”，全息的方法来自“全息论”。系统的方法重在整体中各部分的普遍联系，全息的方法则是强调每个部分都是整体的缩影。

系统就是相互联系、相互作用的成分、因素构成的具有特定功能的有机整体。据此，可以将播音主持艺术看作一个统一的系统，社会现实（包括整体现实和媒介环境）、播音主持作品（包括一度创作和二度创作）、播音员主持人、阅听人（包括普通阅听人和批评家）等构成了一个普遍联系的有机循环的整体系统。系统的视角更高、更广，对对象的批评、研究也就更深、更全。运用系统的方法要注意几个问题：一是整体是大于部分之和的，要注意各要素之间的有机整合，割裂开的零碎部分机械地拼凑不是整体；二是注意把握整体构成的层次性，逐层逐级进行研究、分析，最终实现整体的把握；三是要将对象放到更大的系统中进行相关的、更为深广的观照，更为准确地找到批评对象的历史、文化、艺术、美学坐标。

全息的方法首先着眼于部分,整体的任一部分都包含着整体的全部信息。全息论既是理论科学又是应用科学,简单来说,就是同一个体的部分与整体之间、同一层次的事物之间、不同层次与系统中的事物之间、事物的开端与结果、事物发展的大过程与小过程、时间与空间,都存在着相互的对应关系;每一部分都包含着其他部分,同时又被包含在其他部分之中。全息论已成为极为重要的方法论。比如对播音员主持人风格的研究、批评,便可以从语言、外形、内容、副语言等多个方面进行研究,而每个层级还有更小的层次。从语言来说,播音员主持人的语音、语态、语势、语词等的选择都是能够反映其个性特征和个人风格的;从发型、妆容、衣饰的选择,从节目内容的选择、编排,从眼神、手势、体态语的使用,等等,都能够反映播音员主持人风格的渗透。运用全息这一新的方法去认识对象,可以收到事半功倍的效果。面对部分和整体,既能看到"显",也能从相互对照中看到"潜",这对于理论以及批评的发展具有重要的价值,对于播音主持实践的操作层面也具有极大的意义。

播音主持批评的方法众多,以上只是罗列了最为常见、常用的几种。每一种方法都有自己特定的功能,也都具有一定的适用范围,因此要根据批评对象的不同,选择合适的批评方法。扬长避短、取长补短,对批评对象负责,对批评负责,最终实现批评的目的。

二、方式

播音主持批评的方式,也就是批评方法的模式。无论中西,文学艺术的发展历经数千年,批评的历史也与之伴随。前文已述,文艺批评的方法、流派众多。如此多的方法和流派,可以总结为几种基本的模式。美国的司各特将西方文艺批评的方法归纳为五种:道德批评、社会批评、心理批评、形式批评和原型批评。[1] 这种分类比较具有代表性,另外还有马克思主义批评、存在主义批评、性别批评等。但是遗憾的是,由于播音主持批评起步较晚,批评的文本本就不多,能够自觉或不自觉地使用批评模式进行批评创作的更是少之又少。以下将几种适用于播音主持批评的方式介绍出来,以便播音主持批评主体在实践中参考。

(一)道德伦理批评方式

道德伦理的批评方式,在文学、艺术等领域千百年来一直占据重要地位。这是可以理解的,因为文学、艺术的创作活动若是脱离了道德、伦理、政治、宗教等意识形态的约束,一定会如脱缰的野马,不仅不能满足当时社会对文学艺术功能的要求,甚至可能成为"离经叛道""蛊惑人心"的"惑众妖言",意识形态约束的失控是历代统治者都不希望看到的。因此,道德伦理的批评方式无论中西,其历史之久远、影响之深远,是其他各类批评方式都难以望其项背的。

从西方来看,从柏拉图的"理想国",到贺拉斯的"寓教于乐",从狄德罗的"去昧",到歌德的"应景",从列宁的"为人民",到马尔库塞的"为革命",都是以道德伦理批评为基础而确立的。从中国来看同样如此。以孔子为代表的儒家文艺思想,最为重视文学艺术的社会功能,也就是政治教化作用,孔子"兴于诗"的理论是对诗的道德修养作用的强调,"兴、观、群、怨"则是对诗的启发作用、认识作用、团结众人作用、干预现实作用等社会功能的总结;荀子主张人性本恶,需要学习(经典)才能趋善,开宗经、征圣、明道思想之先;《乐记》是中国第一部比较系统的音乐批评著作,"德乐""治心"是对艺术社会功能的认识;《毛诗大序》对文学本质的认识进一步深化,提出诗的功能是抒情言志,同时强调其讽喻、教化的社会作用;扬雄对"丽以则"的赋持肯定态度,认为赋除了辞藻华丽之外应合乎法度、有益教化,切中了汉赋只重形式不顾内容的不良创作倾向;张彦远所著中国第一部绘画通史《历代名

① 司各特.西方文艺批评的五种模式[M].蓝仁哲,译.重庆:重庆出版社,1983:2.

画记》中认为绘画具有重要的社会教化功能和艺术审美功能，王夫之对孔子“兴、观、群、怨”的理论作出进一步发展，认为四者应统一于文学创作中，使之更有感染力；资产阶级维新派文人提倡诗界革命、文界革命、小说界革命，希望用文学唤醒大众、推动维新，资产阶级革命派则希望文学成为推翻清朝的工具；茅盾以“表现人生指导人生”为批评准绳，继承了19世纪欧洲现实主义批评理论，偏重社会功利批评，也就是“为人生”“重教化”；鲁迅认为艺术有致用的功能，可以塑造表征民族、美好人格、援救经济。

无论是古代西方要求的“自我克制”，还是中国传统主张的“维护传统”，都强调道德伦理对人们的重要影响。因此，统而言之，道德伦理批评就是依据特定社会、特定时期的特定标准，通过对文学艺术作品内容、形式、情感、主题以及思想等的分析，揭示作品的道德伦理意义，评判作品的道德伦理价值。

党、政府和人民的喉舌，是播音主持的本质属性。站在无产阶级党性和党的政策的立场上，是播音员主持人必须遵循的创作道路。播音主持事业是意识形态的重要组成部分，播音主持的道德伦理批评，亟待批评家对其进行深层内涵的挖掘。

“严肃的批评家所更关心的不是自我表现，而是建立正确的评价标准，用它来准确地观察事物”。[①] 道德伦理的批评方式因其对全社会的重大影响力，最为需要的是正确的批评标准。道德伦理的批评方法强调文学艺术对个人乃至全社会的教化作用，是有一定的合理性的；但是不能将一切文学艺术的问题都从道德伦理的视角来解释和要求，否则不仅会使批评有失公允，更会造成批评走向“工具化”的歧途。

（二）审美批评方式

审美批评是一种历史久远的批评方式，虽然不是在古今中外、历朝历代都占有主流地位，但是文学艺术家们对审美的追求始终未曾断绝。

---

① 伍蠡甫.现代西方文论选[M].上海：上海译文出版社，1983：231.

从西方来说，毕达哥拉斯学派的艺术批评观点是“万物皆数”，他们将对形式美、几何美的推崇运用到了自然及艺术作品的评价准则上；赫拉克利特主张“美在和谐”；苏格拉底认为有用的就是美的；柏拉图把“理念”作为精神性的实体，“美”就是一种理念，区别于美好的事物，而艺术则是对某种美的事物模仿的模仿；亚里士多德认为美就是合适的比例；圣奥古斯丁认为形式美就是“整一”；托马斯·阿奎那从神学的角度来阐释艺术之美，提出美是可感的理论，认为美就是形式，无关内容、欲望、功利性；但丁继承了他们的艺术批评观点，认为美在于各部分的秩序、和谐；笛卡尔是法国新古典主义的代表，他把理性作为文艺创作的最高标准，要求艺术形式的完美；休谟是英国经验主义的集大成者，他认为“审美趣味”就是鉴赏力，强调审美的情感作用，感性体验是一切知识的来源；狄德罗是法国启蒙运动的代表人物，他主张艺术之美在于“情境”，主张“真善美”的紧密结合；德国的温克尔曼在启蒙运动中推崇古希腊艺术，因为他们在创作的时候没有忘记自然，遵循自然是最高的美，而巴洛克艺术、洛可可艺术则是浮夸的、烦琐的、肤浅的、病态的美；康德是德国古典哲学和美学第一人，他强调审美的主观性；黑格尔则是德国古典哲学和美学的集大成者，他认为美是形式，理念是内容，美是理念的感性显现，艺术美高于自然美。

以中国来说，由孔子始，“尽善尽美”和“思无邪”的文学美学观便一直影响着中国人的审美意识；老子反对那种令人目盲、耳聋的感官刺激作品，追求自然无为的至高境界；庄子继承了老子的思想，对于文学艺术的审美追求是朴素自然；曹丕的《典论·论文》提出了“文以气为主”的观点，并认为齐气不如逸气、和气不如壮气，提倡刚健清新、遒劲有力的文风，成为“文气”论之滥觞；陆机的《文赋》沿着《典论·论文》进一步发展，论述了不同文体的不同风格，提出了文学作品“应、和、悲、雅、艳”的艺术之美，六朝各家各派的文学批评几乎均受其影响；南齐永明声律论的“四声八病”说在长期发展后终成唐代的格律，诗、赋、骈文等文学体裁也在其影响下具有了更为和谐的语音特色；顾恺之于人物画提出“传神写照”；宗炳于山水画提出“澄怀味象”；谢赫在中国第一部系统的绘画批评著作《古画品录》中提出“气韵生动”；刘勰的《文心雕龙》提出文学作品应具有明朗刚健、风清骨峻的“风骨”；钟嵘的《诗品》指出诗人的创作情感应是真挚纯洁之情，并以自然美为最高的审美准则，并且提出诗歌应“文已尽而意有余”，给人以回味无穷之感；陈子昂主张汉魏风骨；殷璠提出兴象和诗境，即诗人通过意象抒情并将读者带入曼妙的情境，为中国“意境”之先声；王昌龄在《诗格》中要求创作须情景交融；司空图提出“韵味”“象外之象、景外之景”等意境理论；画评论家李嗣真和张怀瓘分别提出了“象人之妙”和“象人风骨”的理论；孙过庭的《书谱》提出了“情性”艺术论；“宋元山水境界”，强调一片山水就是一片心灵境界，重视呈现人心灵境界；欧阳修从情景交融的角度阐述了诗歌的审美意象和艺术境界；苏轼于审美上追求平淡自然的超逸之境；黄庭坚开创了江西诗派，强调温柔敦厚、夺胎换骨，重视句法；严羽的《沧浪诗话》主要针对江西诗派的理论弊端提出，认为诗歌应当注重意境而不是句法，主张以盛唐为法，概括出诗歌优游不迫的柔美和沉着痛快的壮美两种艺术风格，“入神”则是二者结合的最高境界；李贽提出了“吟心说”，并将“自然之为美”作为艺术批评的最高原则；徐渭的艺术思想主要是“本色论”，即“相色”为假，“本色”为真，艺术应表现艺术家的真我真性情；汤显祖也是强调艺术家要有“灵性”的心理品格；王士祯的“神韵”说倡导雅正而有风韵、冲淡而又蕴藉的诗风；沈德潜的“格调”说要求诗歌平和含蓄有韵致；袁枚的“性灵”说强调诗歌的真情才有价值；王国维对意境、真和自然、有我之境与无我之境、隔与不隔等文学、审美范畴有着独到的创见；梁启超提出艺术的本质是“趣味”，艺术的价值在于“真美合一”；周作人主张散文应是具有趣味性、平淡自然之风以及苦涩感的“美文”；沈从文追求健康、自由、和谐的精神世界，注重作品整体审美的把握力。

审美批评方式和道德伦理批评方式是中国文学艺术史上两大重要的批评方式，也是互补的批评方式，其源头大致可以追溯到孔子和老子。这两大批评方式对中国文学艺术的发展起到了巨大的推动作用。

审美批评从审美的角度批评文学艺术作品，反对赋予文学艺术宗教的、政治的、道德的功能，崇尚审美价值。审美批评强调作品的诚挚性、独创性、真实性、和谐性，使其具有批评的可操作性。这些关于“美”的理论和思想，对播音主持批评的发展可以说提供了巨大的理论储备和思想能量，是播音主持艺术学发展以及播音主持批评发展的重要动力和源泉。

西方的文学艺术批评是和美学的发展相伴随的，更侧重理论分析，多形成理论体系；中国传统文学艺术批评多侧重感性认知和内心体悟，多为个人的审美体验和艺术鉴赏，形成了东方的、民族的特点，有时显得过于空灵和玄妙，这就需要播音主持批评家不断充实自己、具备深厚的功力，实现“顿悟”“妙悟”。

（三）社会历史批评方式

社会历史批评主要起源于西方，也是文学批评史上古老的批评流派。历经维柯、丹纳、勃兰兑斯以及俄国革命民主主义批评家、马克思主义批评家等人的努力，于 18 世纪到 19 世纪达到成熟。他们认为“社会”和“历史”是对文学进行评判的重要尺度，应当揭示作品背后广阔的社会历史背景。其又与黑格尔等人的思想相结合，扩展出研究艺术及其背景的方法，极为深远地影响了 20 世纪的艺术批评。

社会历史批评注重文学艺术作品的历史定位和社会属性，主要关注环境、时代、种族等与社会的关系，强调社会对文学艺术的决定作用。但其也有显而易见的缺陷：社会历史批评是一种“单向度”的理论，只重视社会历史对文学艺术的影响而忽视了文学作品对社会历史的反作用，并且忽视文本的美学价值，忽视经济的重要作用，因此其批评是有一定的范围的，并不适用于所有的文学艺术作品。其优缺点都值得播音主持批评家进行深入的研究之后，取其精华，为我所用。

（四）形式主义批评方式

20 世纪初，俄国的形式主义要求文学研究回归文学的本体，也就是语言；随后的英美新批评也同样重视从语言的角度来研究文学；20 世纪 60 年代的法国结构主义强调文学的独立自足性，并借用语言学理论来分析文学作品。形式主义批评方法是20世纪中期的西方和当代中国比较盛行的批评方法之一,主要着眼于文学文本的内部分析。随着理论发展的深入,这一批评方式被运用于各个艺术学科的批评之中。

形式主义批评方式可以对任何文学艺术作品做细致入微的形态解析,主张细部分析,可以更加深入地了解作品;但是问题在于这一批评方法大多专注于文本,忽视了作品的作者、背景、审美特性等因素,唯形式至上,虽然纠正了唯内容至上的不足,但又有矫枉过正的嫌疑。对播音主持批评来说,形式多样的节目、作品一定可以通过形式主义批评更加深入地了解其不同形态特征的重要作用及意义,为新节目模式的开发和应用提供参考;但是同时要注意规避形式主义批评轻视内容、切碎形式的缺陷,力求对作品的形式特点、内容取向、文化内涵、美学价值以及整体面貌进行全面解读与动态把握,不能割裂形式与内容、扼杀作品的生命力。

(五)后殖民批评方式

后殖民批评是当代中国文化批评中的一个重要分支。20世纪90年代赛义德的《东方学》被介绍到中国,引发人们对"中华性""国民性"等问题的思考与讨论。批评家们尖锐地指出艺术家为了迎合西方的审美而"东方主义"式的创作;但是后殖民批评家们容易给涉及中国传统文化或现实政治的作品打上"妖魔化"中国的标签。因此,要考虑到后殖民批评在中国本土的适应性,要反对文化霸权,弘扬中华文化,但不能人为制造中西方的二元对立。现代化不等于西化。我们应当有超越民族主义的文化价值取向,既不崇洋媚外,也不因噎废食,而是放手去学习、去扬弃。

这一批评方式对当下中国各级各类媒体中层出不穷的崇洋媚外、洋腔怪调、盲目模仿等不良现象具有"对症下药"的实际操作意义。

(六)精神分析批评方式

精神分析批评由奥地利心理学家西格蒙德·弗洛伊德于20世纪初开创,可以说是20世纪西方批评领域影响最大、最深远的流派之一。心理分析批评把作品视为作家某一“情结”的发散;从作品解读中发现创作者的人格心理;把作品视为创作者被压抑的无意识的释放等。精神分析批评拓展了批评的思维和空间,为深层解读作品提供了有效的途径,也推动了文艺心理学的发展;但精神分析批评常出现“泛性欲化”的倾向,容易忽视文学作品所蕴含的丰富的社会政治、经济、文化等内容。

精神分析最终回归个体的自我意识,对文化、媒介、电视以致播音主持批评都具有一定的积极意义,针对大众文化全面欲望化、游戏化、平面化、粗鄙化的趋势,从精神分析的视角进行探讨是必不可少的维度。

(七)女性主义批评方式

女性主义批评崛起于20世纪60年代的欧美,在80年代流行于中国。是女性对自身历史境遇和现实状态反思的结果,也是女权主义运动深入文化艺术等领域的结果。面对女性话语权力的丧失,女性主义批评主要批判男性中心主义、探讨女性创作者的性别意识、考察创作者文化人格构成,纠正了性别歧视的倾向,并且吸收了各种思潮,逐渐发展成为更为开放、活跃的批评流派。

这一批评方式对播音主持行业中女性播音员主持人的形象、思想、作用等定位的研究具有一定意义。

(八)消费主义批评方式

社会经济的发展、消费时代的到来,直接导致了日常生活的审美化趋向。消费主义批评随之而来。他们指出,商业和艺术的界限难以分辨,“任何日常生活都可能以审美的方式来呈现,高雅艺术于大众文化之间的界限消失了”。[①] 商品社会的生活、消费方式和身份认同联系在一起,产生了等级的划分,产生了新的不平等,这也是消费主义批评的重点。同时,消费主义批评还将视角转向“新型文化媒介人”,批评他们不敢正视尖锐的社会、政治

① 费瑟斯通.消费文化与后现代主义[M].刘精明,译.北京:译林出版社,2000:11.

问题,却在制造文化繁荣的假象。

这一批评方式可以说对当下媒介众声喧哗的现象具有披沙拣金、劚山觅玉的功效。

(九)其他批评方式

文学、艺术、文化、媒介、电视等批评领域还有很多值得播音主持批评借鉴和学习的批评方式,在之前的行文中已有涉及,以下再进行简单介绍。播音主持批评者在进行批评实践的时候,需要取其精华、去其糟粕、充而用之,不断开创播音主持批评的新局面。

1.商品消费批评

商品消费批评针对的主要是商品拜物教和劳动异化。

2.身份认同批评

身份认同批评从全球化进程中的身份焦虑、种族、语言等问题切入研究文化。

3.文化传统批评

文化传统主要研究传统文化在现代化、全球化境遇中的保护和开放,提出应对其进行创造性的现代转换,使其具有现实意义和价值。

4.大众文化批评

大众文化批评流派首现于阿多诺出版于1947年的《启蒙辩证法》,他经历了美国大众文化的兴起,认为大众文化的"标准化"欺骗消费者并使他们失去了判断力。

5.政治经济学批评

政治经济学批评流派强调政治及经济力量对媒介的支配,揭露其自由、公正的虚伪。

6.意识形态批评

意识形态批判流派揭露西方媒介控制意识形态、愚弄大众;所谓的新闻客观都是意识形态下的客观,也就是说新闻都带有阶级偏见。电视的意识形态批评侧重通过文本的研究揭示其在特定历史语境中的作用,比如有意识地将统治者的价值观扭曲为普罗大众的利益加以呈现,或者在电视报道中不自觉地成为统治者价值观的践行者。

7.传媒技术批评

传媒技术批评流派认为新技术的出现影响了媒介,也影响了人类的生活,并指出媒介能够影响人们的政治态度从而影响社会进程。随着计算机、手机的普及应用,许多批评家也对此表达了忧虑,认为这些新技术影响了人类的心理健康和生理健康,使人不得不被裹挟着面对本不愿面对的境况。

8.法兰克福学派批评

法兰克福学派将电视等媒介看成工业社会中的大众文化,他们指出:电视文化比以前的文化更具有意识形态性,不用镇压就能影响观众的意识,从而巩固资本主义的统治;电视文化为观众提供虚假的安慰与满足,将他们“大众化”;电视文化追逐利益的本质导致其商品化和复制化。

9.符号学批评

符号学批评关注主体即观众对电视符号的解读,批评电视通过声音、图像和文字呈现仿真的现实,人们却将其当作真实的现实并沉迷其中;电视对新鲜信息的追逐使得人们来不及停下来专注思考某一个点;电视提供已经形成思想的文化快餐,导致主体的沦丧。

10.叙事学批评

电视的叙事学批评主要关注媒介的结构组织。

第二节　写作的方法

播音主持批评的写作，是播音主持批评实践付诸实施的最终环节。不同的播音主持批评主体具有不同的个性、学识、取向以及写作习惯等，对于写作也是各有千秋。但是批评文章的写作总还是有需要遵循的基本要求、步骤和规范，大致可以粗略地划分为准备阶段、构思阶段和写作阶段。

一、准备阶段

无论之前的研究多么深入、想法多么深刻，当真正进入写作的时候，你却有可能发现，丰富的感觉只剩下缥缈的难以触及的影子，精彩的观点只剩下干瘪的不成系统的话语。想把所思所想形成文字，却发现事实上困难重重。所以刘勰在《文心雕龙·神思》中说："意翻空而易奇，言征实而难巧也。"因此，写作的准备阶段，有些步骤是必须要坚持的。

（一）选题

积极地寻找、选择批评对象，是播音主持批评准备阶段要做的第一件事。播音主持批评者要以敏锐的感受、宽广的视野，在数量众多的播音主持作品中找到批评对象。由于每个批评者的文化底蕴、兴趣爱好、价值取向有所不同，感受力有粗疏有细腻，选择的批评对象自然有所不同。首先应当注意的是，所选择的对象应是批评者兴趣之内且对其有一定知识、理论储备的作品。虽然理论上所有的播音主持相关事项都可以成为播音主持批评的对象，但是对象的选择对批评者进行播音主持批评的成败有着至关重要的作用。

虽然"萝卜青菜、各有所爱"，但批评者在选题的时候还是要注意几个基本的原则：一是要选择适合批评者积累、符合批评者志趣、可为批评者驾驭的对象。只有感兴趣，才能开始批评；只有难度相当，才能进行批评；只有容易驾驭，才能完成批评。尤其刚进入播音主持批评创作的时候，必须按照这样的原则进行选题，并且要切口小、做深入，决不能好高骛远、贪大求全，否则只能是眼高手低、不了了之。二是要选择具有一定历史文化价值、艺术审美价值以及动人心魄、感人肺腑的作品，只有批评者自己受到感染，才能引起心底共鸣。还有一种情况，就是作品触及了批评者另一方面的“共鸣点”，也就是“反面教材”。无论是正面还是反面、积极还是消极，批评者批评的时候都要明确指出其优劣的点在哪里以及为何优、为何劣，该弘扬的决不吝惜赞美之词，该抨击的也决不保留批评之语。三是所选对象必须具备典型性的特征。播音主持相关事项纷繁复杂、数量众多，必须选择具有代表意义和典型价值的对象。无论是正面的还是负面的，都应当选择典型。随意选择，只能是“这一个”，对播音主持事业的发展不会产生更多的价值和意义；而典型具有由此及彼、举一反三的普适性，可以更有效地推动播音主持艺术学的繁荣发展。

（二）阅听

本书将播音主持作品的接收者称为“阅听人”，播音主持批评者也是阅听人中的一员。阅听是写作的重要准备步骤。对于将要进行批评的作品，如果批评者对其一知半解或者完全无知，那么空中楼阁式的批评必然不能发挥该有的功能和作用。播音主持批评者一定要对作品进行多次观看、收听，注意画面中、语流中不为人注意的细枝末节，有的时候正是这些细节最能说明问题。同时，在阅听的时候，一定要注意记录，防止作品中出现的问题或是批评者灵感的火花转瞬即逝。多次阅听的好处还在于可以检验批评者初始的感觉、想法是否只是一时之念，最初的感受随着阅听的深入越来越强烈还是越来越寡淡，及时检验是哪里出现的问题。不能因为瞬间的冲动就下笔，还得注意经过时间的检验。多次阅听还能使批评家对作品的理解越来越深入，一遍两遍不曾看出的问题可能于三遍四遍之后便自动浮现。这样无形之中也会使批评家的鉴赏、批评水准不断提高。

除了对播音主持作品的阅听，还要注重对相关研究著作的阅读。有些播音主持作品可能已经有了相关的研究成果，批评者一方面可以通过对这些研究成果的阅读，找到可以为我所用的内容，这是批评者必要的理论补给和视野拓展；另一方面通过对这些论著的阅读，可以有效规避已有的研究观点、视角，提出自己独创的见解，或者在其基础上进一步加深和拓宽。而有些新近出现的播音主持作品可能没有相关的理论研究成果，那么可以对相近的、相关的理论研究成果进行阅读。这些工作即便对此次写作不能有直接的效用，对以后的创作也必有裨益。对材料的收集和掌握，一定要加以重视，占有理论素材、研究资料越多，对作品的研究才能越深入、全面，所做的批评也才能越公允、权威。

另外，这里的“阅听”还指对生活的体验。批评者对播音主持作品的理解，除了情感的体验之外，还应有身心的体验，也就是“生活”。无论是什么样的创作，都要有生活基础，一切来源于生活。播音主持批评者不仅要依靠间接的体验，还应注重直接的体验，去听、去看、去感受，并将其转化为生命的积淀。

（三）立意

完成对播音主持作品的阅听之后，或者说在阅听的过程当中，需要完成的便是立意的工作了。立意也就是批评的角度、意图。播音主持批评一方面有可能是“命题作文”，因为各种情况需要按照某种意图、从某个角度进行写作，这对播音主持批评者来说无疑是“戴着镣铐起舞”，具有一定的束缚力，但批评者仍可以化被动为主动，进行深入研究、掌握大量材料，对已有的立意进行深化和拓展；另一方面有可能是批评者面对播音主持作品，通过阅听和感受，批评意识得到激发而进行立意和写作。无论是何种情况，立意的环节都十分重要，因为这决定了批评是否具有新颖性、时代性、普适性。如果视角就是陈旧的，观点还是老套的，那么批评的分量便会大打折扣。

二、构思阶段

准备阶段基本完成之后，便进入构思阶段。这一阶段的主要工作是对已掌握的作品情况、相关资料进行认真、深入的思考、分析，并在脑海中形成基本的框架。

（一）分析

无论通过各种媒介（广播、电视、网络、移动终端等）收听、收看作品，还是亲临现场参与节目的录制、直播，批评者都应当基于第一阶段的准备进入具体的分析、逻辑的思辨和结构的整合。这其中需要关注的内容涉及作品的方方面面，应当说“事无巨细”皆要观照，粗略来说有：播音员主持人的语音面貌、发声技巧、形象气质、衣着打扮、体态举止、语言能力、掌控能力、反应速度，作品的基本格调、文化内涵、审美取向、艺术张力、形式特点、环节设置，乃至灯光、音响、镜头、舞台效果等内容。但是需要观照这些内容并不意味着在批评创作的时候要面面俱到、毫发无遗，而是应该有主有次、有取有舍，在立意确定、角度选定之后，围绕其进行具体的、有针对性的筛选、删减。

（二）发现

这一阶段所指的发现已经不仅仅在于对象的选择、资料的整合、角度的寻找和立意的斟酌，更多的应在于审美的发现。审美发现本就是播音主持批评的题中应有之义，应当包含以下几点内容：一是通过对已有材料的分析和研究，发现作品的艺术本质和美学规律；二是通过反复阅听和深入思考，发现作品的文化价值和文化含量；三是通过对作品的整体观照和全面把握，发现具有全新意义和价值的作品以及具有潜力的播音员主持人。通过审美发现，可以全面拓展对作品认识的深度、广度和维度。

(三)结构

分析阶段应该是批评家的各种感受、思考继续深入的阶段,经过分析和发现,思考和整合,批评家应当发现所有想法、观点之间的关联性,并用逻辑关系将其串联起来。每一篇播音主持批评文章都必须是一个有机整体,不能杂乱无章、自相矛盾。这既是批评创作的基本要求,也反映了批评者的思想水平、创作能力,应当在文章中展示出批评者思维发展、推进的轨迹,用逻辑钳力紧紧抓住读者,显示出批评的有力、权威。

三、写作阶段

之前所有的准备、构思工作,都是为了最终形成批评文字。在这个阶段中,批评家应艺术地使用批评的语言,将所思所想用文字全面、准确地展现出来,发挥批评应有的效用。

(一)表述

批评的表述首先应当注意语言的准确性和客观性。无论是对作品的介绍、叙述,还是评价、判断,都要以恰当的语言来呈现。虽然播音主持批评的创作具有一定的主观色彩,但是批评的特性和批评者的要求都使得批评语言必须客观、公允。遣词造句应当准确、精当,既能说明问题、又能恰如其分,既不夸张、危言耸听,也不孱弱、底气不足。

批评者在做到批评语言准确、客观的基础上,便可以考虑另一个问题,就是语言的艺术性和科学性。虽然批评文章多以观点正确、逻辑清晰为指要,但是为枯燥的理论话语增华添彩的语言,读者接受起来更为愉悦,批评的社会效用必能大大提高。但是追求语言的艺术性要力戒华而不实、矫揉造作,应当言之有物、言之成理,在此基础上雕章镂句、发锋流韵。同时,由于播音主持批评是一项富于理性色彩的理论思辨活动,批评语言的科学性便尤显重要。对理论话语的掌握、对专业术语的运用,都对批评者的语言能力提出了要求。

(二)情感

播音主持批评者在批评创作中情感的投入,是批评活动展开的重要推动力。如果批评者没有批评的热情和创作的激情,那么批评便无从谈起了;即使勉为其难进行创作,那么最终的结果也肯定不能尽如人意,更谈不上真知灼见、格高意远了。在批评的过程中,批评者应当敢于抒发情感,但是注意不要以自我为中心、随意宣泄。情感的表达最忌汪洋恣肆、毫无节制,一定要把握好“度”,要知道“不及无力”“过犹不及”的道理。

(三)体系

这里所说的体系,指的是文章的结构体系。播音主持批评者在前期的所有思想都要在写作阶段诉诸笔端,这就要求进一步展开其中所包含的意义,条分缕析,用恰如其分的语言表达出来。批评文章不同于口头的议论,不能只说个“大概齐”“差不多”,也不能只说精妙观点、主要思想,而是需要将所有观点、内容之间的关系、层次、过渡、衔接等整理清楚,最终形成逻辑鲜明、理论架构完整的批评文章。每一篇批评文章都应当形成一个独立的小体系,起承转合、严密周延。

当然还需要注意另一个“体系”,就是“理论体系”。播音主持批评应当从短小的批评文章入门,循序渐进,而不应该对构建“理论体系”有盲目的崇拜。很多批评者的批评文章看似体系宏大,但我们仔细研究便会发现多为陈陈相因;很多文章如同裹脚布,没有任何引人入胜的新颖见解。因此,要警惕他人的观点充斥于自己的文章,写作时应删除不必要的枝枝蔓蔓,将自己独到的观点强有力地呈现出来。

(四)风格

播音主持批评创作的最高目标便是形成批评者独到的批评风格。风格不是一朝一夕便可以形成的,也不是三言两语便可以说清的,风格的形成是一个长期的却又自然而然的过程，需要批评者的长期坚持和不断进取。不是每一位批评者都有风格，也不是每一位批评者都能形成风格。既然是最高目标，就需要批评者的不懈努力和“自觉”。批评者首先应当注重审美创造。审美创造既包含对形象的塑造，也包括对语境的营造，还有对理论体系的创造，这一切都包含着批评者的主体感受、观念态度、方法标准等。批评者既不能急功近利、意图一蹴而就，也不能放任自流、期盼不请自来。批评者的坚守和追求，才是实现风格的最佳路径。

在实现风格的道路上，批评者除了要注重审美的创造外，还要注意在一系列塑造、营造、创作的过程中，选择适合自己底蕴、能力、兴趣、个性等的批评对象，不断开拓适合自己的批评领域。决不能东一榔头西一棒槌、看到什么批评什么，一定要斟酌是否适合自己、是否在自己可驾驭的领域之内。还要注意使用自己善于驾驭的批评话语，确立自己的批评方法，形成自己的批评理念，这些都是成熟的批评家所必须具备的。只有坚持不懈、自觉自为，才能以自己独到的学术见地、理论话语、批评方法、批评理念在某一领域中逐渐形成自己的批评格调，走出自己的风格之路。

09

第九章 播音主持批评标准论

播音主持批评的标准是播音主持批评的前提。古今中外、各行各业,从来都不存在绝对的批评标准,但同时也始终存在着相对客观的标准。对播音主持艺术进行评价,必然需要一定的标准作为依据。但是面对类型众多的播音主持作品、数以万计的播音员主持人,试图以一个绝对的标准来衡量是不现实的,因此,需要以多元化的视角给播音主持艺术相对客观、公允的批评标准。

第一节 播音主持批评标准的含义

一、标准

什么是标准,《现代汉语词典》是这样解释的:“(1)衡量事物的准则。(2)本身合于准则,可供同类事物比较核对的事物。”[①]由此可见,播音主持批评的标准就是衡量批评对象的准则。但是“一千个人心中有一千个哈姆雷特”,标准问题一直以来都各家“必争之地”。有人认为,标准存在于人心,尤其是文学艺术等门类,客观的标准是不存在的。但是也有不少人认为文艺是需要批评标准的,比如鲁迅曾经说过一段十分经典的话语,直至今天还时常被引用:“我们曾经在文艺批评史上见过没有一定圈子的文艺家吗?都有的,或者是美的圈,或者是真实的圈,或者是前进的圈。没有一定的圈子的批评家,那才是怪汉子呢。办杂志可以号称没有一定的圈子,而其实这正是圈子,是便于遮眼的变戏法的手巾。譬如一个编辑者是唯美主义者罢,他尽可以自说并无定见,单在书籍评论上,就足够玩把戏。倘是一种所谓‘为艺术的艺术’的作品,合于自己的私意的,他就选登一篇赞成这种主义的批评,或读后感,捧着它上天;……我们不能责备他有圈子,我们只能批评他这圈子对不对。”[②]鲁迅在这里所说的“圈子”,其实也就是文艺批评的标准,这个标准在文学艺术的各个领域中都是存在的。“美的圈”说的是当时唯美主义

① 中国社会科学院语言研究所词典编辑室.现代汉语词典[M].5版.北京:商务印书馆,2005:70.

② 王美艳.艺术批评学[M].北京:北京大学出版社,2011:84.

的批评标准,“真实的圈”是现实主义批评标准,“前进的圈”则是进化论基础上的批评标准。“标准”不仅是批评家始终要面对的问题,每一个阅听人都无时无刻不面临着对社会生活中一切事物的判断、量度和选择,自然也包括对播音主持作品以及播音员主持人的评判,这其中便会有意无意地涉及标准问题。

播音主持批评的标准问题是播音主持批评活动开展的前提和基础。一方面,每一位播音主持批评的主体在进行批评的时候,一定会遵循一个标准或一系列标准。没有标准的评价是不存在的。播音主持批评活动正是在某些具体标准的指导下开展的,标准若不存在,批评便不存在。另一方面,标准对批评的结果有重大的影响。遵循不同的标准,得出的结论便不同,甚至有可能产生截然不同的批评结果。每位批评家都有各自的标准,既不能要求百喙如一,也不能私视使目盲,应当秉持“求同存异”的原则,既肯定每个个体独特的创见,也不忘遵循基本规律。播音主持批评符合社会历史发展的规律和艺术的审美规律,即马克思和恩格斯提出的“美学的和历史的”标准,这是最基本的条件。在具体的批评实践中,应当以这一最高标准为统帅、这一基础标准为指导,制定具体的批评标准。

二、性质

播音主持批评是一种理性的精神活动,也是一种特殊的艺术创作。在制定批评标准的时候,需要深刻了解播音主持批评标准应具备何种性质才能更好地为播音主持批评服务。

(一)普适性与特殊性的统一

播音主持批评标准的普遍性是指概括播音主持创作的艺术特征,总结播音主持创作的艺术规律,形成具有一定普遍适用意义和宽广覆盖面的标准,对播音主持创作进行指导和规范。播音主持批评标准的特殊性是指播音主持批评的标准应当考虑不同对象的具体情况,具体问题具体分析,在批评实践中切实可行、便于批评家操作。

普适性与特殊性看似对立，实则互补，共同统一于播音主持批评标准的实际运用之中。只有普适性而没有特殊性的批评标准，在实际操作过程中极易陷入浮光掠影、泛泛而谈的境地；如若只考虑特殊情况而没有普适意义，则在实操过程中容易走入以点带面、以偏概全的误区。因此，在播音主持批评的实践过程中，既有普适性标准的观照，也有特殊性标准的运用，二者紧密结合、优势互补，批评活动才能顺利开展，所得出的批评结论才能权威可信。

（二）稳定性与可变性的统一

播音主持批评标准的稳定性主要有如下几个含义：一是某个国家、民族都具有各自相对稳定的艺术风格、表达方式、审美取向；二是某个历史时期、地理区域也会有特定的批评标准；三是播音主持批评者在一定时期、区域内所使用的标准也是相对稳定的。播音主持批评标准虽然有一定的稳定性，但也不是一成不变的，必须根据历史、时代、民族、艺术、传媒等的发展并结合批评者和批评对象等多重因素综合考量，进行适时的变化和调整，也就是播音主持批评标准的可变性。

稳定性的存在使得播音主持艺术可以在一定时期内沿着一定的方向健康、稳定地发展；而可变性的加入，才能使其呈现出更加多元化、风格化的发展趋势。只有稳定性而没有可变性，只能人云亦云、落入窠臼；只有可变性而没有稳定性，必将杂乱无章、批评无序。只有将二者有机结合、灵活运用，才能促进播音主持批评良性发展。

（三）审美性与功利性的统一

播音主持艺术虽融汇多个学科的精义，但艺术性是其核心属性。播音主持艺术无论从外在还是内在来看，都具有审美的特质。因此，播音主持批评标准理应是审美的。播音主持事业又是意识形态的一环，其社会性和功利性的特征也是不容忽视的。古今中外文学艺术批评标准或多或少地会受到主流统治势力或主流意识形态的影响，播音主持批评标准同样如此。播音主持批评标准一定代表着某个或某些社会群体的利益，这是符合社会历史发展的必然的。

审美是无功利的，和社会功利性再次形成了对立。播音主持批评的对象纷繁复杂，但以播音主持作品为主。播音主持作品作为艺术作品，兼具审美欣赏和意识形态的双重身份，播音主持批评的标准也当兼顾审美性和功利性的特征，二者不可分离、不可偏废。

第二节　播音主持批评标准的内容

播音主持批评活动所涉及的标准是多方面的，包含了政治标准、社会标准、文化标准、思想标准、道德标准、艺术标准、美学标准、媒介标准等。面对不同的批评对象需要使用不同的标准，有的时候可能只需要一两种标准便可立判高下，而有的时候可能需要标准的多重综合应用才能终有所成。总体来看，播音主持批评的标准可以分为外部标准、内部标准和综合标准，其分别对应的是求真、向善、合美的创作追求。播音主持作品具有认知功能、教育功能和审美功能，播音主持批评也应以真实性、倾向性和感染力为标准来展开批评活动。

一、外部标准——真——合规律性

播音主持作品的真实性体现于两方面，一方面对新闻播音主持作品来说，真实性是其本源性、内在性的要求；另一方面，对其他播音主持作品来说，真实性主要表现在现象的真实、本质的真实以及播音员主持人情感的真实。

（一）社会标准

任何文学艺术作品都是对社会生活的反映。“批评显然离不开对于现实现象的认识，因为现实是造就文化的根源。”①能否真实、能动地反映社会的实际、反映人生的本质，是判断文学艺术作品高下优劣的重要指标。播音主持作品同样如此。

播音主持作品应当忠实于生活，表现出、传达出社会生活中的种种现象，更应当反映社会生活的本质，反映人民群众的心声，播音员主持人应用自己最真诚的情感、最真切的表达传递信息、传情达意。也许不同的作品所表现的深刻程度有所不同，但阅听人的能动性可以使其通过展现出的表象去探寻更深层次的内涵。值得注意的是，播音主持作品的“真”并不是绝对意义上的真实，而是经过了播音员主持人再创作的真实，是艺术的真实，也是相对的真实。

（二）历史标准

任何文学艺术作品都具备“时代感”的特征，鲜明的时代特征是很多文学艺术作品的重要标志。播音主持艺术的发展同样印刻着历史和时代的烙印。播音主持批评的历史标准大致有两个方面的含义：一方面是作品所表现的内容应具有时代性的特征，应反映特定时代的文化观念、社会潮流、价值取向等内容，时代风貌、时代精神、时代氛围是否在播音主持作品中有所体现是评价其品质的重要标准。另一方面是作品在表现手法和表达方式上所表现出来的时代性特征。就播音的语言风格来说，解放战争时期慷慨激昂、震慑敌胆，新中国成立初期豪迈奔放、自信自强，“文革”时期声嘶力竭、虚张声势，21 世纪以来创新务实、风格多元，这些都带有强烈的时代特点和历史印记。

播音主持作品的时代性和历史性具有客观性，是不容争辩的。但是有

① 周星.当前时代的文化艺术现实与批评[J].河南社会科学.2015(8).

两点值得注意：第一，确有一些播音主持作品以古典诗文为内容，好似与当今时代格格不入，但是这些作品的创作者却是生活中的人，没有超越时代、不食人间烟火的人，他们对现实、时代的体悟都熔铸于这些作品之中。第二，并不是所有带有时代烙印的作品都是有价值的，对其评价还应当着眼于是否符合社会历史发展的必然规律、是否顺应时代发展的潮流趋势，反规律而行、逆潮流而动的作品即便在当时社会能喧嚣一时，但在历史长河奔涌向前的潮流中必将被淘汰。

二、内部标准——善——合目的性

播音主持艺术不仅反映生活，也是人们认知世界的重要路径，播音主持批评必须对其进行政治的、文化的、道德的、思想的评价判断。“善”便是要考察播音主持作品所呈现出来的情感倾向、所蕴含其中的宣传目的以及所需要达到的社会效果。

（一）政治标准

1942 年，毛泽东《在延安文艺座谈会上的讲话》中正式提出了文艺作品“政治标准”的概念，并强调文艺创作于批评的标准应当是政治标准与艺术标准相统一的。早在两千多年前，孔子的文艺思想便是“尽善尽美”“思无邪”以及“兴、观、群、怨”，是孔子对文学艺术的审美作用、教化作用、启发作用、认识作用、团结众人作用、干预现实作用等社会功能的总结，直至今日依然影响深远。政治标准是中国无产阶级文艺的纲领性标准。播音主持是“党、政府和人民的喉舌，是维护国家利益、弘扬民族精神、传承民族文化、捍卫文化安全、体现时代精神、充满人文关怀的新闻工作”。[①]

站在无产阶级党性和党的政策的立场上，用有声语言发挥广播电视等媒体教育和鼓舞广大人民群众的吸引力和感召力，这是播音员主持人必须

---

① 张颂.播音创作基础[M].3 版.北京：中国传媒大学出版社，2011：3.

遵循的道路和标准。无论是在内容上还是情感上,都必须和党、政府和人民息息相关、紧密相连。

(二)文化标准

当今世界,国际形势风云变幻,国内改革发展稳定任务艰巨繁重,而文化在整个政治经济社会现代化进程中发挥着愈来愈重要的作用。播音主持本就是文化事业的重要组成部分,其功能正在于传递信息、传播文化、传承文明、引领提升,理应把握时代文化脉搏、提升全民文化素养。批评者和创作者都应认识到自身所承担的文化责任,让人文关怀成为共识,让文化诉求成为共识,以优秀的节目满足受众,以优秀的文化浸润受众,既促进各类媒体、也促进社会又好又快地和谐发展。

文化标准中值得强调的便是文化自觉和文化自信。文化自觉至少包括了对传统文化的认知、对外来文化的扬弃以及对现有文化的改革与创新这几方面。古为今用、洋为中用以及改革创新不仅仅是几句张口即来的套话,而应该在播音主持作品中有所体现。费孝通认为:文化不仅仅是"除旧开新",而且是推陈出新或者温故知新。"现代化"一方面突破了传统,另一方面也同时继续并更新了"传统"。[①] 创新是一个民族进步的灵魂,播音主持作品更应当坚持创新,不断将最先进的文化传达给受众。面对外来文化,我们更要树立文化自信,以理性平和的心态来对待。首先要大胆"引进来",引进域外优秀节目以及模式,结合民族特点、我国国情进行本土化的改良和提升。其次更要"走出去",要不断增强中华文化的国际影响力。只有和而不同、取长补短,形成多元文化和谐发展的格局,才能提升全民族的文化素养、助推文化强国的建设。播音主持作品是否饱含文化自觉和文化自信,是播音主持批评文化标准理应考量的指标。

(三)思想标准

播音员主持人观察体验生活、选择确定内容、提炼思想、构思创作,最终

---

① 费孝通.关于文化自觉的一些自白.学术研究,2003(7).

通过电子设备进行有声语言的传播，都蕴含着思想倾向和道德指向。衡量一部播音主持作品是否折射出高尚的思想道德之光，需看播音主持作品是否站对了立场、是否对现实作出了正确的评价。播音主持批评应当将作品中所蕴含的“善”的理念、内容、思想用批评创作直观地表现出来，连接创作者和阅听人，成为沟通的桥梁。播音主持批评必须坚定立场、提高标准，才能引导播音主持创作赞美积极的生活、歌颂进步的思想，鞭笞消极的生活、批判腐朽的思想，才能引导大众追求美好和光明、远离病态和污秽，提升全民族的道德水准和思想水平。

播音主持作品的社会反响也是值得注意的。播音主持作品只有在阅听人那里才基本完成了传播的过程，之后的“反馈”依然重要。一部作品被接受、欣赏甚至是讨论，必然会在一定程度上影响阅听人的人生观、世界观、价值观，这就产生了一定的社会效果。“善”的作品会产生正能量、促进社会向前；不具“善”的作品便会产生负能量、阻滞社会进步。但是也许高格调的作品并未起到该起的社会作用和影响，甚至引起了反感和排斥，这也是播音主持批评应当注意的。因此，思想标准的使用不能仅靠批评家的主观判断，还要结合客观实际综合分析。

三、综合标准——美——合和谐性

播音主持批评“美”的标准是“真”与“善”的统一，是衡量作品高低优劣的综合性标准，也是艺术的本质属性。艺术标准和审美标准有共通的地方，不是截然分开的，相较而言，艺术标准更倾向于艺术创作的水准，审美标准则更倾向于整体和谐的追求。

（一）艺术标准

播音主持作品艺术性的高下不是绝对的，对于艺术作品来说，仁者见仁、智者见智的情况更多。但是总有一个大致能说明什么是“美”的标准，这个标准不是死板的、僵化的，而是相对的、客观的。

作为一部播音主持艺术作品，首先应当是完整的。完整性是艺术作品的普遍要求和基本门槛。不管是什么形式的播音作品和主持作品，都必须是完整的有机统一体。创作者的思维走向、情感流向、审美取向都只有在完整的作品中才能呈现，破碎的作品只有断裂的思维和情感，无法完成一部作品该有的价值。同时，作品的形式和内容也必须是统一的，批评家应当看到作品的形式是否很好地表达了思想、创作者的意图是否通过恰当的形式完整地表现了出来。形式和内容还要相适应、相和谐，创作者的思想如果通过扭曲的形式进行传达，即便达成所愿，也不能称其是完整的、优秀的播音主持作品。

播音主持作品还应当达到独创性的标准。艺术是创作、是创造，播音主持作品同样如此。批评家应当从各个角度、各个层面、各个细节去了解、研究批评对象，揭示其社会历史价值、文化艺术价值、道德思想价值，用深刻、独创的批评引导大众从独创性审美的视点去观照播音主持作品。

（二）审美标准

播音主持批评的审美标准是从整体观照的视角，考察播音主持作品的美学意蕴。大致可以从形式、内容、意境、风格几个角度来具体分析。

首先，播音主持作品的形式，主要指的是作品的间架结构、逻辑链条以及环节推进，当然还有有声语言以及视觉传达。播音主持作品的形式应当具备创新性、独特性、优美性以及成熟性，这几点要求是相辅相成、缺一不可的，它们同时出现，才能证明形式的美。比如，缺乏创新的作品便谈不上独特，自然不会有美感，也就不会有走向成熟的机会；再比如，不成熟的作品即便具有独特性，也因其不成熟难以实现美感。有声语言的要求集中于播音员主持人的身上，普通话的标准、发声的科学、技巧的纯熟、表达的恰当、状态的自如、功力的深厚，都是美的展现。在社会发展、传媒繁荣、技术进步的今天，对于播音主持作品的视觉传达也就是通俗所说的“包装”，越来越成为作品优劣的重要指标。精良的制作必然饱含真诚的态度，也能给人以视觉美的享受。

其次，播音主持作品的内容，应当融社会性、时代性、文化性、民族性、思想性、人文性等于一身，在符合社会历史发展方向的基础上实现教化作用，实现可观的社会精神效益。

再次，播音主持作品的风格，就是播音员主持人在创作过程中将自己的个性特征、审美取向、艺术追求等融于播音主持作品之中，形成具有独特魅力的艺术特色。这其中既有播音员主持人的风格，也有播音主持作品的风格，二者相系相融，很难截然分割。衡量一位播音员主持人或是播音主持作品是否成熟，"风格"是重要指标。值得注意的是，风格没有高下之分、优劣之别，其类型应是多元化的。但是需要警惕以丑为美、以怪为美的所谓"风格"。

又次，播音主持作品的意境，这是内容和形式完美结合的产物，播音员主持人用自己的有声语言和作品的内容、形式创造出精美的艺术世界、营造出和谐的艺术氛围，主客体统一、主客观交融，作品与其自身所发散的想象空间和谐氤氲，融汇着精妙的情思、活跃着生命的律动、渗透着无穷的诗意、呈现着含蓄的意象。和谐统一的大美应是播音主持创作不懈的追求和永恒的圭臬。

播音主持批评标准是一个多层次、多视角、复杂的、动态的系统，应当始终坚持真、善、美三重标准的和谐共处和有机统一。

第三节　播音主持批评的批评标准

播音主持批评有一定的标准，对于按照一定标准展开播音主持批评活动之后得出的批评结果，也应当有一定的标准对其进行评判。这样才能从学理上来说明什么样的批评是好的、是值得借鉴的，什么样的批评是有问题的、是需要淘汰的。从文学艺术各个学科的批评理论来看,对于批评对象的标准几乎均有所涉及,但对于批评成果的评价标准几乎难觅其踪。究其原因,大致是因为对于“批评”,人们大多持天然肯定的态度,认为其是不需要予以评价的“完美学术”。但是一个学科想要发展,就需要批评与自我批评,只有虚心受教与深刻自省,才能推动学术的进步与学科的发展。播音主持批评也不例外。

《论语·阳货》中写道,“子曰:小子何莫学乎诗? 诗,可以兴,可以观,可以群,可以怨。迩之事父,远之事君,多识于鸟兽草木之名。”孔子对于诗的作用所作“兴、观、群、怨”的系统总结,对后世的诗论、文艺评论都产生了深远的影响。由此启发,本书认为对于播音主持批评的批评标准大致有真、观、群、新四大作用。

一、真

真,也就是真实,是对播音主持批评最基本的要求。一方面,对于播音主持批评来说,应当秉持对批评对象负责的态度,最真实地展现对象的风貌、最恳切地批评对象的得失。播音主持创作是有一定意图的,这种意图需要被批评家准确地感知到。很多时候,播音主持批评家的创造性思维不仅能够解读出作品的意图,还能够赋予作品全新的价值。但是也有时候由于不同批评家的文化底蕴、学术视野、艺术修养、偏好取向等的不同,对批评对象的判断或多或少地会产生偏差。这就要求批评家以高度的职业素养和负责任的专业精神不断丰富自己、完善自己,力求深入地挖掘和真实地展现批评对象的全部内涵和风貌。另一方面,播音主持批评家其实也是阅听人中的一员,只不过其创造性的批评具有一定的代表性和权威性,这不是“特权”,反倒是“压力”。因此,批评家应当以自己的真情实感深入感受作品,表达出自己的真实体验和真实思想,而不能因为批评家的身份就可以漠视真实的感受和表达。

二、观

观，是就播音主持批评的认识作用而言的。从播音主持批评中，应当能够“观风俗之盛衰”并“考见得失”，看到社会政治、历史文化、道德风尚、艺术审美给予人们的熏陶和能量。上文论及播音主持批评的对话功能、文化功能、审美功能和社会功能，这些功能都是其认识作用的体现。播音主持批评家肩负着社会责任、掌握着批评标准，应当把握批评分寸、端正批评态度，以自己丰富的阅历、广博的知识、深厚的修养、扎实的专业基本功、敏锐的审美感受力、睿智的艺术判断力带领阅听人巡游作品的海洋，发现作品内涵、提升审美水准、加深文化修养、实现思想教化。播音主持批评可以说肩负重任，必须对作品负责、对读者负责，理应准确、到位、实事求是地给读者以引领，而不能以主观倾向随意批判、不负责任地乱扣帽子，不能因为各种原因胡乱吹捧、不遗余力地戴上高帽，否则便是亵渎了神圣的职业、践踏了自己的人格。

三、群

这里所说的“群”，和孔子所言有相似之处，都有帮助人们交流思想、相互切磋、交流情感、提高修养的团结人群的作用；但同时也有对群体负责、为群体认可的要求。一方面，播音主持批评是媒介，是沟通创作者和阅听人的桥梁，通过批评，二者可以展开交流和对话，共同推进创作的提高和批评的进步；播音主持批评还如同交流的平台，阅听人以及读者通过批评文本可以相互切磋、交流，在这个意义上来说，播音主持批评起到了很好的“群”的作用。另一方面，仅仅是团结大众还不够，播音主持批评的代表性和权威性的体现，也在于受到大众群体的认可。批评是一种个人行为，代表的是播音主持批评家个人的意见；但同时，批评还是一种社会行为，集中了民族精神、文化智慧、人性光辉、人文情怀的精华，只有得到群体认可，个人意见成为群体共识,其作用才能发挥、意义才能实现。

四、新

新,就是创新。创新是一个民族进步的灵魂,是一个学科发展的动力。播音主持批评应当具有创新精神,应当不断推出独创性的成果。创新,可以理解为人无我有、人有我优、人优我特、人特我深,总能发掘个体独特的生命体验,总能呈现他人未曾意识到的生命感悟。在真实和认知的基础上进行创新,是播音主持批评的必经之路。真实的批评、可供认知的批评、受到群体认可的批评,也许不一定是创新的批评。它们也许饱含真知灼见,但有可能是按部就班。如果没有创新作为尺度,就很难发现批评中的新贡献、新创造。从某种意义上来说,创新应当成为对播音主持批评进行评价的主要依据。新论断、新思想、新方法、新创造,总能在大众中激起波澜,总能引起关注和争鸣,总能实现创作和批评的良性发展。创新,是一个更高的标准,蹈袭前人便是不思进取,四平八稳则是无功无过,批评家应具备祖述有自、独开生面的勇气与自信。但是也要注意,不能为了新而新。标新立异、无根无据的信口开河不仅不能实现创新,反而连可信度都失去了,更遑论代表性和权威性。

真、观、群是播音主持批评存在的基础,而新则是提升的动力。万丈高楼平地起,必须明确走向、夯实基础,才能独出机杼、断鳌立极。播音主持批评应当表达真情实感、具有真知灼见、饱含创新价值、实现社会教化,有益于播音主持创作的发展和播音主持批评的进步,有益于社会的前进和大众素质的提升。期待着播音主持批评能够走向自觉。

结　语

社会进步发展,传媒兴旺发达,这是一个物质生产丰饶富足的年代,也是一个精神世界危机四伏的年代。各类荧屏"娱乐至死",播音主持"众声喧哗"。多元价值冲击、外来文化侵袭,传承千年的中华民族传统文化遭到漠视、思想内涵不断消失。面对播音主持艺术学,面对播音主持批评,回溯源流、审视现状、结合现实、思考发展,有一个声音不断回响、有一条路径愈发清晰,那就是播音主持批评理论民族化的追寻。

民族化,是古为今用,是洋为中用,是民族文化的传承,是民族特色的张扬,是民族自信心的展现,是民族凝聚力的增强。播音主持批评的民族化,应当以推动播音主持艺术学学科理论和实践的创新发展为核心,以促进文化艺术大发展大繁荣为最终旨归,构建一条行之有效的学术路径。

播音主持批评当探求民族历史。每一部播音主持作品、每一位播音员主持人、每一种播音主持理论,都应当置于特定的历史背景和时代背景中进行考察。不能泛泛、不能片面、不能先验。正如克罗齐所言:一切历史都是当代史。社会历史的多元发展推动媒介技术呈现、审美意识形态、评价标准方法等的变化革新,促使播音主持理论、播音主持作品以及播音主持批评始终坚持民族化道路、坚持以人民为中心的自觉追求,并将马克思文艺理论中关于艺术批评应坚持“美学的、历史的”最高准则作为整体观照,最终实现民族思想的艺术性和民族艺术的思想性的高度统一。

播音主持批评当借鉴外来理论。播音主持艺术虽是中国独有,播音主持艺术学理论体系虽为中国独创,虽然文化背景不同,虽然表述方式有异,但是肯定仍有许多东西中外共通、值得学习。在全球化的现实语境中,播音主持批评的民族化不是孤芳自赏、桀骜不群,而应兼容并包、海纳百川。播音主持批评的民族化必须是民族意识与全球意识的结合与互补,是专属的,更是开放的。只有以民族意识为基石,方能提炼出批评话语中最纯正的中国特质,才能将中国声音传递得更加悠远、更为有力;只有以全球意识为助力,方能以创新发展的时代气息和文化质感来衡量并增强批评话语系统与时俱进的生命力。

播音主持批评的民族化追寻,其文化基础必须是民族的。中华民族创造的灿烂民族文化、优秀民族品质、崇高民族精神,均凝结于全民族的思维方式、价值取向、理想人格、趣味品性、伦理观念、审美追求之中,这是中国民族向心力的宝贵思想结晶,也是推动社会前进的巨大精神力量。播音主持批评,理应弘扬主旋律、提倡多样化,理应批判糟粕、发扬精粹。探寻播音主持批评的民族化道路,必须将批评的理论根基与民族文化的博大精深紧密相连,以优秀民族文化的璀璨深远作为构筑播音主持批评民族化路径的源头活水,不断滋养批评理论的前行发展。

播音主持批评的民族化追寻,其表现形式必须是民族的。播音主持批评，理应展现中国作风，理应发扬中国气派，用充满民族化和风格化的语言构建播音主持批评的理论话语；而理论话语的构建应当以多样化的表现形式呈现艺术的至真、至善、至美，以实现其“养心化人”的重要作用。播音主持批评，亦理应借鉴中国传统美学的规范秩序，创造和谐共生、形意相和、求同存异的艺术氛围。同时，面对播音主持批评对象，衡量的标准亦不能缺失民族化，唯有如此，方能催生有声语言响彻寰宇、光耀千秋。

播音主持批评的民族化追寻，其理论来源必须是民族的。播音主持批评应当植根中华民族优秀传统文化，汲取中国文学、艺术、文化、媒介等各方批评之理论精华，兼收并蓄、充而用之。播音主持批评必须大力倡导在优秀民族文化全面观照之下的学术研究、理论拓展，坚持在中国文化传承与传播的动力之下系统、全面地评价学科实践与理论，全力促进批评研究的多元丰富深化、全面发展创新。不断改善播音主持批评的理论面貌，努力建设播音主持批评的中国特色。

行文至此，意犹未尽。播音主持批评的内涵之深广、体系之庞大，让我在写作过程中始终心怀敬畏、审慎落笔。从理论背景到本体论、历史论、功能论、主体论、客体论、样态论、方法论、标准论，可以说只是对播音主持批评的理论体系做了一次匆匆的巡礼。囿于学养，文中论及的观点、理论、方法，还有待在接下来的研究中进一步纠正、完善、深化；也有待同志同好补漏订讹、增砖添瓦。希望播音主持批评自觉发展，并早日将风格论、流派论等内容纳入其理论体系，百尺竿头、更上层楼。

参考文献

专著

播音主持

1.阿克肖诺夫.朗诵艺术[M].齐越,崔玉陵译.北京:广播出版社,1984.

2.北京广播学院新闻系播音专业七四级工农兵学员.为革命播音:献给基层广播站播音员[M].北京:北京广播学院新闻系,1976.

3.陈雅丽.实用播音教程·第三册广播播音与主持[M].北京:中国传媒大学出版社,2002.

4.高贵武.主持传播学概论[M].北京:中国传媒大学出版社,2007.

5.高贵武等.出镜报道与新闻主持[M].北京:中国传媒大学出版社,2012.

6.广播事业局业务研究室.播音工作经验汇辑[M].北京:广播事业局,1961.

7.付程.播音主持教学法十二讲[M].北京:中国传媒大学出版社,2005.

8.付程,鲁景超,陈晓鸥.实用播音教程·第二册语言表达[M].北京:中国传媒大学出版社,2002.

9.鲁景超.广播电视即兴口语表达[M].北京:北京广播学院出版社,2000.

10.罗莉.实用播音教程·第四册电视播音与主持[M].北京:中国传媒大学出版社,2002.

11.马玉坤.播音主持心理学教程[M].北京:北京大学出版社,2008.

12.齐越.献给祖国的声音[M].北京:中国广播电视出版社,1991.

13.施旗,曼叶平.播音表达和语法规则[M].北京:中国广播电视出版社,1997.

14.宋晓阳.出镜记者现场报道指南[M].北京:中国广播电视出版社,2008.

15.王明军,阎亮.影视配音艺术[M].北京:中国传媒大学出版社,2007.

16.王秋硕.播音主持艺术[M].杭州:浙江摄影出版社,2021.

17.王秋硕.电视新闻播音主持创作艺术[M].杭州:浙江大学出版社,2016.

18.王宇红.朗读技巧[M].北京:中国广播电视出版社,2002.

19.魏南江.节目主持艺术学[M].北京:中国广播电视出版社,2006.

20.吴弘毅.播音主持艺术语音发声[M].北京:中国广播电视出版社,2001.

21.吴弘毅.实用播音教程·第一册普通话语音和播音发声[M].北京:中国传媒大学出版社,2002.
22.吴郁.播音学简明教程[M].修订版.北京:北京广播学院出版社,2004.
23.徐恒.播音发声学[M].北京:中国传媒大学出版社,2006.
24.姚喜双.播音学概论[M].北京:中国传媒大学出版社,2007.
25.姚喜双.中国解放区新闻播音语言规范[M].北京:语文出版社,2007.
26.姚喜双,苏海珍.话筒前的人生:著名播音艺术家林如和她的播音生涯[M].北京:中国广播电视出版社,2000.
27.张颂.播音创作基础[M].北京:中国传媒大学出版社,2004.
28.张颂.播音创作基础[M].3版.北京:中国传媒大学出版社,2011.
29.张颂.播音语言通论:危机与对策[M].北京:北京广播学院出版社,2002.
30.张颂.播音主持艺术论[M].北京:中国传媒大学出版社,2009.
31.张颂.广播电视语言艺术[M].北京:北京广播学院出版社,2001.
32.张颂.朗读美学[M].北京:北京广播学院出版社,2002.
33.张颂.朗读学[M].北京:中国传媒大学出版社,1999.
34.张颂.中国播音学[M].北京:中国传媒大学出版社,2003.
35.曾志华.电视节目主持人策划[M].北京:中国传媒大学出版社,2006.
36.曾志华.广告配音教程[M].北京:北京大学出版社,2007.
37.中国传媒大学播音主持艺术学院.广播电视播音主持业务[M].北京:中国传媒大学出版社,2005.

文学批评

38.贺拉斯.诗学·诗艺[M].杨周翰,译.北京:人民文学出版社,1979.
39.司各特.西方文艺批评的五种模式[M].蓝仁哲,译.重庆:重庆出版社,1983.
40.蔡镇楚.中国文学批评史[M].北京:中华书局,2005.
41.陈义华,卢云.庶民视角下的文学批评与文化研究[M].广州:暨南大学出版社,2012.
42.陈钟凡.中国文学批评史[M].南京:江苏文艺出版社,2008.
43.胡亚敏.文学批评与文化批判[M].武汉:华中师范大学出版社,2007.
44.李建中.中国文学批评史[M].北京:北京大学出版社,2009.
45.李吟咏.文学批评学[M].杭州:浙江大学出版社,2010.

46.刘淮南.中国文学批评史十六讲[M].合肥:安徽大学出版社,2012.
47.刘锋杰.文学批评学教程[M].上海:华东师范大学出版社,2010.
48.南帆.文学批评手册:观念与实践[M].北京:北京师范大学出版社,2011.
49.王汝梅,张羽.中国文学批评史[M].北京:北京师范大学出版社,2011.
50.王一川.文学批评新编[M].北京:北京师范大学出版社,2011.
51.温儒敏.中国当代文学批评论[M].北京:北京大学出版社,1993.
52.文史哲编辑部.文学:批评与审美[M].北京:商务印书馆,2011.
53.姚楠.中国文学批评史[M].北京:中国社会科学出版社,2012.
54.张伯伟.中国古代文学批评方法研究[M].北京:中华书局,2002.
55.张德礼.文学批评:从理论到实践[M].北京:开明出版社,2008.
56.赵利民.当代西方文学批评论方法与实践[M].北京:中国文史出版社,2013.
57.赵炎秋.文学批评实践教程[M].长沙:中南大学出版社,2007.
58.周海波.文学的秩序世界:中国现代文学批评新论[M].北京:人民出版社,2013.
59.邹然.中国文学批评史[M].北京:北京大学出版社,2006.

文化批评

60.弗洛伊德.精神分析导论讲演[M].周泉,严泽胜,赵强海,译.北京:国际文化出版社,2007.
61.霍克海默.批判理论[M].李小兵,译.重庆:重庆出版社,1989.
62.霍克海默,阿道尔诺.启蒙辩证法[M].渠敬东,曹卫东,译.上海:上海人民出版社,2003.
63.阿尔都塞.保卫马克思[M].顾良,译.北京:商务印书馆,2010.
64.巴特.罗兰・巴特随笔选[M].怀宇,译.天津:百花文艺出版社,2005.
65.赛义德.东方学[M].王宇根,译.北京:三联书店,1999.
66.希尔斯.论传统[M].傅铿,吕乐,译.上海:上海人民出版社,1991.
67.詹姆逊.文化转向[M].胡亚敏,译.北京:中国社会科学出版社,2000.
68.芒福德.城市发展史:起源、演变和前景[M].宋俊岭,倪文彦,译.北京:中国建筑工业出版社,2004.
69.杰伊.法兰克福学派史[M].单世联,译.广州:广东人民出版社,1998.
70.佐京.城市文化[M].张廷佺,杨东霞,谈瀛洲,译.上海:上海教育出版社,1998.

71.朗格.艺术问题[M].滕守尧,译.北京:中国社会科学出版社,1983.
72.费斯克.理解大众文化[M].王晓珏,宋伟杰,译.北京:中央编译出版社,2001.
73.葛兰西.狱中书简[M].田时纲,译.北京:人民出版社,2007.
74.鲍尔德温.文化研究导论[M].陶东风,译.北京:高等教育出版社,2011.
75.钱尼.文化转向:当代文化史概览[M].戴从容,译.南京:江苏人民出版社,2004.
76.卡瓦拉罗.文化理论关键词[M].张卫东,张生,赵顺宏,译.南京:江苏人民出版社,2006.
77.费瑟斯通.消费文化与后现代主义[M].刘精明,译.北京:译林出版社,2000.
78.伊格尔顿.审美意识形态[M].王杰,译.桂林:广西师范大学出版社,2001.
79.安德森.西方马克思主义探讨[M].高铦,译.北京:人民出版社,1981.
80.冯骥才.文化批评[M].郑州:中州古籍出版社,2005.
81.傅泽.文化想象与人文批评[M].北京:中国传媒大学出版社,2007.
82.黄汉平.拉康与后现代文化批评[M].北京:中国社会科学出版社,2006.
83.陆扬,王毅.文化研究导论[M].上海:复旦大学出版社,2009.
84.陶东风,徐艳蕊.当代中国的文化批评[M].北京:北京大学出版社,2006.
85.王宁.后现代主义之后[M].北京:中国文学出版社,1998.
86.徐贲.文化批评往何处去[M].吉林:吉林出版集团有限责任公司,2011.
87.叶浩生.西方心理学理论与流派[M].广州:广东高等教育出版社,2004.
88.曾军.文化批评教程[M].上海:上海大学出版社,2008.
89.张首映.西方二十世纪文论史[M].北京:北京大学出版社,1999.
90.周志强.大众文化理论与批评[M].北京:高等教育出版社,2009.

艺术批评

91.西方艺术批评史[M].迟轲,译.南京:江苏教育出版社,2005.
92.董虹霞.西方现代艺术批评的起源:18 世纪法国沙龙批评研究[M].北京:光明日报出版社,2012.
93.凌继尧.中国艺术批评史[M].上海:上海人民出版社,2011.
94.沈语冰.20 世纪艺术批评[M].北京:中国美术学院出版社,2003.
95.田川流.艺术批评学[M].南京:东南大学出版社,2012.
96.王美艳.艺术批评学[M].北京:北京大学出版社,2011.

97.王秀雄.艺术批评的视野[M].北京:新星出版社,2010.

98.汪军.魏晋南北朝的艺术批评[M].合肥:安徽师范大学出版社,2012.

媒介批评

99.伯格.媒介分析技巧[M].李德刚,译.北京:清华大学出版社,2011.

100.伯格.写给传媒、传播、文化研究专业学生的课堂游戏[M].秦洁,译.北京:清华大学出版社,2011.

101.陈龙.媒介批评论[M].苏州:苏州大学出版社,2005.

102.董天策.中外媒介批评[M].广州:暨南大学出版社,2008.

103.郝雨.媒介批评与理论原创[M].上海:上海三联书店,2009.

104.胡正强.中国现代媒介批评研究[M].北京:中国传媒大学出版社,2010.

105.雷跃捷.大众传播与媒介批评[M].北京:中国传媒大学出版社,2010.

106.雷跃捷.媒介批评[M].北京:北京大学出版社,2007.

107.李岩.媒介批评:立场·范畴·命题·方式[M].杭州:浙江大学出版社,2005.

108.刘建明.媒介批评通论[M].北京:中国人民大学出版社,2001.

109.刘建明.西方媒介批评史[M].福州:福建人民出版社,2007.

110.王君超.第三只眼睛看传媒[M].北京:清华大学出版社,2009.

111.王君超.媒介评价:起源·标准·方法[M].北京:北京广播学院出版社,2001.

112.谢静.建构权威·协商规范:美国新闻媒介批评解读[M].上海:复旦大学出版社,2005.

113.谢静.美国新闻媒介批评[M].北京:中国人民大学出版社,2009.

114.张艳红.女性主义视野下的媒介批评[M].北京:知识产权出版社,2009.

电视批评

115.艾伦.重组话语频道:电视与当代批评理论[M].牟岭,译.北京:北京大学出版社,2008.

116.黄学建.中国电视娱乐文化批评[M].北京:中国传媒大学出版社,2010.

117.刘晔原.电视艺术批评[M].北京:中国广播电视出版社,2008.

118.欧阳宏生.电视批评:理论·方法·实践[M].成都:四川大学出版社,2007.

119.欧阳宏生.电视批评论[M].北京:中国广播电视出版社,2000.

120.欧阳宏生.中国电视批评史[M].北京:北京大学出版社,2010.

121.时统宇.电视批评理论研究[M].北京:中国广播电视出版社,2003.

122.孙玉胜.十年:从改变电视的语态开始[M].北京:人民文学出版社,2012.

123.汪振城.当代西方电视批评理论[M].北京:中国广播电视出版社,2007.

其他批评

124.巴雷特.影像艺术批评[M].何积惠,译.上海:上海人民美术出版社,2006.

125.段炼.跨文化美术批评[M].重庆:西南师范大学出版社,2004.

126.李道新.影视批评学[M].北京:北京大学出版社,2002.

127.明言.音乐批评学[M].北京:中央音乐学院出版社,2003.

128.张宇辉.音乐批评学概论[M].北京:文化艺术出版社,2010.

129.郑时龄.建筑批评学[M].北京:中国建筑工业出版社,2001.

美学

130.李泽厚.美的历程[M].天津:天津社会科学院出版社,2001.

131.李泽厚.美学三书[M].天津:天津社会科学院出版社,2003.

132.李泽厚,刘纲纪.中国美学史[M].合肥:安徽文艺出版社,1999.

133.蒲震元.中国艺术意境论[M].北京:北京大学出版社,1999.

134.叶朗.现代美学体系[M].北京:北京大学出版社,1999.

135.朱光潜.朱光潜美学文集[M].上海:上海文艺出版社,1982.

136.宗白华.美学散步[M].上海:上海人民出版社,1981.

新闻传播/广播电视

137.德尔塔,克拉克.传播与社会影响[M].何道宽,译.北京:中国人民大学出版社,2005.

138.施拉姆,波特.传播学概论[M].何道宽,译.北京:中国人民大学出版社,2010.

139.梅罗维茨.消失的地域:电子媒介对社会行为的影响[M].肖志军,译.北京:清华大学出版社,2002.

140.北京广播学院新闻系.中国人民广播回忆录[M].北京:中国广播电视出版社,1983.

141.北京广播学院新闻系.中国人民广播回忆录:续集[M].北京:中国广播电视出版社,1986.

142.北京广播学院新闻系.中国人民广播回忆录:第 3 集[M].北京:中国广播电视出版社,1990.
143.北京广播学院新闻系.中国人民广播回忆录:第 4 集[M].北京:中国广播电视出版社,1995.
144.方汉奇.中国新闻事业通史[M].北京:中国人民大学出版社,1992.
145.杨兆麟,赵玉明.人民大众的号角:延安(陕北)广播史话[M].北京:中国广播电视出版社,1986.
146.杨兆麟,赵玉明.人民大众的号角:延安(陕北)广播史话:增订本[M].北京:中国广播电视出版社,2000.
147.张昆.传播观念的历史考察[M].武汉:武汉大学出版社,1997.
148.赵玉明.风范长存:左荧纪念文集[M].北京:中国传媒大学出版社,2005.
149.赵玉明.中国广播电视通史[M].北京:北京广播学院出版社,2000.
150.赵玉明.中国现代广播简史[M].北京:中国广播电视出版社,1987.
151.中国社会科学院新闻研究所.中国共产党新闻工作文件汇编[M].北京:新华出版社,1980.
152.中国广播电视学会史学研究委员会,北京广播学院新闻传播学院新闻系.延安(陕北)新华广播电台回忆录新编[M].北京:中国广播电视出版社,2000.
153.周小普.广播新闻与音响报道[M].北京:中国人民大学出版社,2001.

语言学

154.马丁内.普通语言学纲要[M].罗慎仪,张祖建,罗竞,译.北京:国际文化出版公司,1988.
155.高名凯,石安石.语言学概论[M].北京:中华书局,1987.
156.戈弋,王振昆.语言学概论[M].呼和浩特:内蒙古人民出版社,1984.
157.孔江平.论语言发声[M].北京:中央民族大学出版社,2001.
158.李钢,王宇红.汉语通用语史研究[M].北京:中国广播电视出版社,2007.
159.李建国.汉语规范史略[M].北京:语文出版社,2000.
160.刘梦溪.中国现代学术经典:赵元任卷[M].石家庄:河北教育出版社,1996.
161.刘伶,黄智显,陈秀珠.语言学概要[M].北京:北京师范大学出版社,1987.
162.汪大昌.普通语言学纲要[M].北京:北京大学出版社,2004.

163.王振昆,谢文庆,刘振铎.语言学基础[M].北京:中央广播电视大学出版社,1983.
164.吴弘毅.广播电视语言文字规范化研究[M].北京:中国广播电视出版社,2007.
165.吴为章.广播电视话语研究选集[M].北京:北京广播学院出版社,1997.
166.伍铁平.普通语言学概要[M].北京:高等教育出版社,2006.
167.徐丹晖.语言艺术探索[M].北京:北京广播学院出版社,1999.
168.叶蜚声,徐通锵.语言学纲要[M].北京:北京大学出版社,1997.
169.周有光.汉语拼音文化津梁[M].北京:生活・读书・新知三联书店,2007.
170.赵元任.赵元任语言学论文集[M].北京:商务印书馆,2002.

语音学

171.曹剑芬.现代语音研究与探索[M].北京:商务印书馆,2007.
172.曹文.汉语发音与纠音[M].北京:北京大学出版社,2000.
173.华中师范学院中文系现代汉语教研室.现代汉语语音知识[M].武汉:湖北人民出版社,1974.
174.焦立为,冉启斌,石锋.二十世纪的中国语音学[M].太原:书海出版社,2004.
175.金有景.普通话语音[M].北京:商务印书馆,2007.
176.李扶乾.现代汉语语音[M].兰州:甘肃人民出版社,1985.
177.李振麟.发音基础知识[M].上海:上海教育出版社,1984.
178.林焘.语音探索集稿[M].北京:北京语言学院出版社,1990.
179.林焘,王理嘉.语音学教程[M].北京:北京大学出版社,1992.
180.刘俐李.汉语声调论[M].南京:南京师范大学出版社,2004.
181.鲁允中.普通话的轻声和儿化[M].北京:商务印书馆,1995.
182.罗安源.发音语音学[M].北京:中央民族大学出版社,2005.
183.罗常培,王均.普通话语音学纲要[M].北京:科学出版社,1957.
184.王理嘉.二十世纪现代汉语语音论著索引和指要[M].北京:商务印书馆,2003.
185.王洪君.非线性音系学[M].北京:北京大学出版社,1999.
186.徐世荣.普通话语音知识[M].北京:文字改革出版社,1980.
187.殷焕先.字调和语调[M].上海:上海教育出版社,1984.
188.赵元任.北京口语语法[M].北京:商务印书馆,1979.
189.周同春.汉语语音学[M].北京:北京师范大学出版社,2003.

普通话

190.陈红玉.普通话知识读本[M].北京:中国人事出版社,2003.

191.李平,常秀岭.普通话与朗读训练[M].西安:西安出版社,1998.

192.马显彬.普通话水平测试纲要[M].广州:暨南大学出版社,2001.

193.任崇芬.普通话训练教程[M].重庆:西南师范大学出版社,2000.

194.萧涵.实用普通话[M].北京:中国国际广播出版社,2005.

195.邢捍国.普通话培训测试教程[M].北京:北京大学出版社,2005.

196.徐国苓,卢捷.普通话训练实用手册[M].广州:暨南大学出版社,2002.

197.徐世荣.普通话声调练习[M].北京:文字改革出版社,1963.

198.杨绍林.普通话训练与测试教程[M].成都:四川大学出版社,2001.

199.姚喜双,刘海燕.普通话水平测试指南[M].北京:中国广播电视出版社,2001.

200.张梦欣.普通话训练指导[M].北京:中国劳动社会保障出版社,2005.

201.赵俐.普通话教学新路[M].北京:中国广播电视出版社,2007.

202.朱道明.普通话教程:修订本[M].武汉:华中师范大学出版社,2006.

语言测试

203.戴维斯.语言测试原理[M].任福昌,吴平,任筱萌,译.北京:经济科学出版社,1997.

204.北京市语言文字工作委员会.普通话水平测试指南[M].北京:北京出版社,2001.

205.北京市语言文字工作委员会办公室.普通话水平测试指导用书[M].北京版.北京:商务印书馆,2005.

206.国家语言文字工作委员会普通话培训测试中心,《语言文字应用》编辑部.普通话水平测试的理论与实践[M].北京:商务印书馆,2003.

207.上海市普通话培训测试中心.普通话水平测试研究[M].上海:上海教育出版社,2002.

208.李筱菊.语言测试科学与艺术[M].长沙:湖南教育出版社,2001.

209.刘润清,韩宝成.语言测试和它的方法[M].修订版.北京:外语教学与研究出版社,2000.

210.宋欣桥.普通话水平测试员实用手册:增订本[M].北京:商务印书馆,2004.

其他

211.巴特.恋人絮语:一个解构主义的文本[M].汪耀进,武佩荣,译.上海:上海人民出版社,2009.

212.麦克卢汉.理解媒介:论人的延伸[M].何道宽,译.南京:译林出版社,2011.

213.戴维斯.音乐的意义与表现[M].宋瑾,柯杨,译.长沙:湖南文艺出版社,1997.

214.高尔基.高尔基选集:文学论文选[M].孟昌,曹葆华,译.北京:人民文学出版社,1958.

215.霍尔.无声的语言[M].何道宽,译.北京:北京大学出版社,2010.

216.麦克奎恩.理解电视[M].苗棣,赵长军,李黎丹,译.北京:华夏出版社,2003.

217.胡智锋.电视节目策划学[M].上海:复旦大学出版社,2012.

218.刘大巍,黄常虹.声乐教程 Ⅰ:理论、教学与训练[M].南京:南京师范大学出版社,2008.

219.毛泽东.毛泽东选集:第3卷[M].北京:人民出版社,1985.

220.王志敏.电影美学形态研究[M].南京:江苏教育出版社,2011.

221.伍蠡甫.现代西方文论选[M].上海:上海译文出版社,1983.

222.袁禾.中国舞蹈美学[M].北京:人民出版社,2011.

223.张海潮.中国电视节目分类体系[M].北京:中国传媒大学出版社,2007.

辞书

224.汉语大词典编辑委员会.汉语大词典:第六卷[M].上海:汉语大词典出版社,1990.

225.舒新城.辞海:合订本[M].香港:中华书局,1948.

226.中国社会科学院语言研究所词典编辑室.现代汉语词典[M].北京:商务印书馆,1978.

227.中国社会科学院语言研究所词典编辑室.现代汉语词典[M].5版.北京:商务印书馆,2005.

论文

播音主持

228.常亮.谈谈新闻播音“淡”“拙”“散”的问题[J].现代传播,1981(6).

229.陈刚.谈谈播音中的语病问题[J].现代传播,1981(4).

230.高贵武.新媒体环境下的主持传播格局演变[J].国际新闻界,2016(3).

231.高贵武,薛翔.融媒体时代节目主持人的专业面向[J].新闻与写作,2020(2).

232.郭红彦.走出节目主持人的播音误区[J].声屏世界,1994(8).
233.何强.人工智能在新闻领域应用的新突破:从全球首个“AI合成主播”谈起[J].新闻与写作,2019(5).
234.康辉.“念稿子”的人想说的话:从播音创作主体在新闻生产流程中的准确定位谈起[J].电视研究,2020(9).
235.李立宏.有声语言艺术用“情”联结世界[J].语言战略研究,2021(2).
236.鲁景超.让朗读丰富我们的人生:“第十二届齐越朗诵艺术节暨第六届中国大学生朗诵大赛”观后[J].现代传播,2010(9).
237.马玉坤.规矩定方圆管理促发展:播音员主持人职业资格考试的意义[J].中国广播电视学刊,2014(8).
238.马月红,何伟.海峡两岸新闻播音的停顿对比研究[J].沈阳大学学报(社会科学版),2012(6).
239.邱蔚.从表演与主持的角色辨析看节目主持人的角色定位[J].社会科学论坛,2007(7).
240.邱蔚.近取其神,远取其势:谈体态语在电视节目主持中的运用[J].语言文字应用,2005(9).
241.孙修章.电视新闻播音中的不规范读音[J].语文建设,1993(2).
242.王秋硕.表征辨析与价值反思:播音主持艺术新现象透视[J].中国电视,2022(1).
243.王秋硕.播音主持批评的民族化路径初探[J].电影评介,2015(4).
245.王秋硕.播音主持批评对象备忘[J].新闻论坛,2016(6).
246.王秋硕.中国播音批评史简论[J].理论界,2017(3).
247.王秋硕.播音主持批评之体系初探[J].今传媒,2015(7).
248.王秋硕.播音主持艺术批评标准刍议[J].湖南大众传媒职业技术学院学报,2017(1).
249.王秋硕.播音主持艺术批评的内涵、共性与特性[J].青年记者,2017(1).
250.王秋硕.播音主持艺术批评功能刍议[J].现代视听,2017(3).
251.王秋硕.电视真人秀节目主持人的角色弱化与身份重构[J].中国电视,2017(1).
252.王秋硕.短视频时代主持创作新理念解码——以Vlog为考察中心[J].电视研究,2021(4).
253.王秋硕.多元·浪漫·通融:李立宏影视配音艺术创作述略[J].当代电视,2022(1).
254.王秋硕.浅论电视综艺节目主持人的类型发展与优化培养:以真人秀电视节目为例[J].中国电视,2015(12).

255.王秋硕.融媒时代广播电视播音主持创作互联网化的表征与进阶[J].当代电视,2021(5).
256.王秋硕.真人秀语境下综艺节目主持的模式改造与转型启示[J].当代电视,2020(7).
257.王秋硕.智媒时代播音主持艺术的创作嬗变与价值考究:以“AI合成主播”为讨论中心[J].中国电视,2021(4).
258.吴新.试谈播音八股腔及语言生活化[J].现代传播,1984(3).
259.吴新.试谈播音八股腔及语言生活化:续[J].现代传播,1984(4).
260.谢伦浩.关于建立播音批评学的思考:当下播音批评的三维指向[J].现代传播,2012(6).
261.姚喜双.大气磅礴一泻千里:论齐越的播音整体创作观[J].现代传播,1993(12).
262.姚喜双.林如播音风格浅探[J].现代传播,1987(6).
263.姚喜双.强化播音员主持人的素养:从齐越的播音三戒谈起[J].中国广播,2007(11).
264.姚喜双.夏青和他的政论文播音:上[J].现代传播,1992(10).
265.姚喜双.夏青和他的政论文播音:下[J].现代传播,1992(12).
266.姚喜双.新闻播音语言规范的奠基性文件:析《口播经验》和《播音经验》[J].现代传播,2006(8).
267.殷作炎.普通话播音和朗诵中的字音规范化问题[J].杭州师范学院学报,1990(5).
268.於春.传播中的离身与具身:人工智能新闻主播的认知交互[J].国际新闻界,2020(5).
269.曾志华.汇祖国医学涓涓细流成十年洪涛:评央视国际频道《中华医药》主持人洪涛[J].现代传播,2008(5).
270.战迪.播音与主持艺术批评系统的功能探析[J].中国广播电视学刊,2014(11).
271.战迪.播音主持批评家的主体性探析[J].新闻春秋,2016(4).
272.战迪.试论播音主持批评体系的科学构建 [J].电视研究,2014(9).
273.张颂.泛文化论:电视失语症与雄辩症的病原[J].电视研究,2001(12).
274.张颂.回眸播音主持专业三十年[J].现代传播,2009(1).
275.张颂.谈谈播音的降调问题[J].现代传播,1979(3).
276.张颂.中国播音学发展简史[J].媒介研究,2007(2).
277.张英杰.批评的视域:播音主持理论的建构与实践的超越[J].媒体时代,2011(7).
278.赵赫.频道专业化与主持人多元化[J].中国广播电视学刊,2011(8).

279.周威.接受美学视域中我国电视新闻播音的审美变革[D].呼和浩特:内蒙古大学硕士学位论文,2010.
280.邹家兰.浅谈播音语言规范化的几个问题[J].语文建设,1993(6).

新闻传播/传媒艺术

281.常江.以先锋的姿态怀旧:中国互联网文化生产者的身份认同研究[J].国际新闻界,2015(5).
282.陈力丹.当前中国新闻学学科发展的特点与问题[J].国际新闻界,2004(1).
283.陈力丹.新闻学:从传统意识到现代意识[J].新闻学刊,1988(6).
284.段鹏.从节目构成要素分析台湾电视娱乐节目的特点[J].当代电影,2015(2).
285.韩水法.人工智能时代的人文主义[J].中国社会科学,2019(6).
286.胡智锋,陈寅.疫情期间短视频艺术发展的新态势[N].中国文化报,2020-6-2.
287.胡智锋,陈寅.中国主流媒体面临的新环境、新形式、新任务[J].新闻记者,2020(4).
288.胡智锋,李斐然.新环境下中国主流媒体内容生产的新趋势[J].中国电视,2020(9).
289.黄升民.融媒体视频化进阶[J].当代电视,2020(12).
290.黄升民,董文芳.新的受众市场环境对电视节目推广策略的启示[J].电视研究,2013(2).
291.贾磊磊.虚拟世界的伦理失序及其生成语境[J].中国电视,2020(8).
292.梁君健.重新界定视觉素养:以“柯达文化”到“脸书文化”转向中生产型消费者的素养为基础[J].新闻记者,2018(12).
293.刘宝林.论节目形态作为电视节目的本体[J].现代传播,2015(3).
294.刘煜,张红军.遍在与重构:“跨媒体叙事”及其空间逻辑建构[J].新闻与传播研究,2019(9).
295.彭兰.短视频:视频生产力的“转基因”与再培育[J].新闻界,2019(1).
296.彭兰.新媒体时代语态变革再思考[J].中国编辑,2021(8).
297.秦兰珺.游戏+时尚:虚拟时尚何以成立[J].文艺研究,2020(3).
298.隋岩,刘梦琪.视频博客(Vlog)的内容特点及其治理[J].学习与实践,2018(11).
299.孙光磊.新媒体时代主流媒体社会责任履职困境与突破路径[J].中国出版,2021(12).
300.孙伟平.人工智能与人的“新异化”[J].中国社会科学,2020(12).

301.王甫.社教节目:由社会教育转向社会文化[J].新闻战线,2000(7).
302.武楠,梁君健.短视频时代主流媒体的新闻生产变革与视听形态特征[J].当代传播,2020(3).
303.肖峰.人工智能与认识论的哲学互释:从认知分型到演进逻辑[J].中国社会科学,2020(6).
304.严三九.融合生态、价值共创与深度赋能:未来媒体发展的核心逻辑[J].新闻与传播研究,2019(6).
305.闫伟.电视综艺在互联网生态下的生存路径解析[J].中国电视,2016(9).
306.闫伟.现实题材电视剧的精品化之道[N].光明日报,2019-11-20.
307.闫伟.真人秀:声色喧嚣背后的文化隐忧[N].光明日报,2016-7-30.
308.杨保军,王阳.当前中国语境中的“马克思主义新闻观”与“新闻专业观”[J].山东社会科学,2020(7).
309.喻国明,刘彧晗,杨波.理解网络直播:媒介人性化逻辑的延伸[J].编辑之友,2021(7).
310.张君昌.简论中国广播电视90年发展轨迹[J].北方传媒研究,2010(3).
311.张志安.人工智能对新闻舆论及意识形态工作的影响[J].学术前沿,2018(8).

文艺理论

312.曹禺.评论需要学识和胆识[J].人民戏剧,1982(4).
313.费孝通.关于文化自觉的一些自白[J].学术研究,2003(7).
314.傅修延.物感与“万物自生听”[J].中国社会科学,2020(6).
315.高楠.理论的批判机制与西方理论强制阐释的病源性探视[J].文学评论,2015(3).
316.居其宏.归来兮,批评之魂[J].人民音乐,1986(10).
317.周宪.审美论回归之路[J].文艺研究,2016(1).
318.周宪.艺术跨媒介性与艺术统一性:艺术理论学科知识建构的方法论[J].文艺研究,2019(12).
319.周星.当前时代的文化艺术现实与批评[J].河南社会科学,2015(8).

后 记

校完书稿,深气长出。

回神,惊觉:自选题提出至定稿付梓,倏忽已然整整十年。

在这十年间,皱纹似比思想更快深刻,额发却比星辰更快寥落;似尚未“而立”,便已近“不惑”;某年某月某一天“顿悟”后的“身轻如燕”,仿佛又在辛丑年辛丑月重入恓惶悒悒的“丑陋”轮回;想到某小友常叹我是不食人间烟火的“仙童哥哥”不禁哑然,真真喟叹肉体凡胎实难心无挂碍;人生正是波浪式前进、螺旋式上升的经典案例。

个体的变化便已如此之大,更何况这个日新月异、突飞猛进的时代乎?社会的进步、技术的发展,催生了媒介的全新变革;而身处广阔多元新视听媒介环境中的播音主持创作亦在谋求纾困与进阶,日渐形成去中心化与多中心化的新格局;一系列新兴的实践现象风起云涌,值得审视与反思。

在这十年间,我保持着好奇与敏锐、关注着业界与学界,用我的观察与思考对书中涉及的各个方面进行着补充与完善,亦进行着批评的写作实践。如若将“批评”置于这本小书之上,可以说:

本书从播音主持批评学建构的可能性、可行性、创新性入手,在较为全面梳理中西文学批评、文化批评、艺术批评、媒介批评、电视批评等相关领域的主要理论和方法的基础之上,力图建立一个系统的、整体的、开放的、发展的,包含着本体论、功能论、主客体论、标准论、创作论、方法论、历史发展论等内容的播音主持批评学的基本框架和理论体系;

即便如此,本书仍有诸多遗憾,整体而言,如既称“学”,其体系是否完全?如既无前车可鉴,其内容是否精准贴切?具体而言,如播音主持批评的特点是否可以更加“一针见血”？如播音主持批评的历史分期是否可以更加有效明确？……

革命尚未成功，同志仍需努力。

在播音主持“热闹”的环境里，安静地进行研究实非易事；在“众声喧哗”的业界与学界，播音主持批评却时常地缺位与失语。然“批评学”体系宏大、内容庞杂。吾资质愚钝、勉力为之，参考众多、谨申谢忱。权当抛砖引玉，有待同志同好者继续深入探究播音主持批评的内涵与外延、不断丰满播音主持批评学的框架与体系，为播音主持艺术的正本清源、守正创新提供坚实的理论基础与有效的批评保障。

今年是恩师张颂先生逝世十周年，十载光阴，白云苍狗。回想十年前与恩师探讨此题，心潮澎湃如获至宝，摩拳擦掌急欲攘臂而书，尚不知艰难困苦、道阻且长。每有倦怠，想及恩师教诲，自又充满力量；然不能再当面得恩师批评点化，终是永远的遗憾。无论是过往曾经、当下而今，还是未来他日，唯志坚行苦，方不算辜负。

本书责任编辑是我的师姐赵欣，她专业、细致又耐心，为尽早付梓多有辛劳，谨借书页一角真诚致谢。

深望开卷有益！

深望批评指正！

王秋硕

壬寅雨水，三书屋